南开校友文丛

1978年走进南开园

周婴戈　著

南開大學出版社
天　津

图书在版编目(CIP)数据

1978年走进南开园 / 周婴戈著. —天津：南开大学出版社，2020.1
(南开校友文丛)
ISBN 978-7-310-05889-1

Ⅰ. ①1… Ⅱ. ①周… Ⅲ. ①南开大学—校史 Ⅳ. ①G649.282.1

中国版本图书馆 CIP 数据核字(2019)第 220236 号

南开大学出版社出版发行
出版人:陈　敬
地址:天津市南开区卫津路94号　　邮政编码:300071
营销部电话:(022)23508339　23500755
营销部传真:(022)23508542　　邮购部电话:(022)23502200
*
北京建宏印刷有限公司印刷
全国各地新华书店经销
*
2020年1月第1版　　2020年1月第1次印刷
210×148毫米　32开本　7.875印张　197千字
定价:45.00元

如遇图书印装质量问题,请与本社营销部联系调换,电话:(022)23507125

存南开魂　常葆童心

陈 洪

婴戈老弟文集将梓，余得先睹，感慨系之。集中所收，大半为四十年前南开园的琐忆。其时，余亦负笈南开。婴戈本科，余则读研。所叙诸般场景，余或未亲历，然时代气息则感同身受。转瞬四十年过去，不觉已逾古稀，读此忆旧文章，顿生“树犹如此”之叹。然感慨同时，当年之书生意气，春风词笔，依稀复活于眼前与心头。与婴戈之交谊，亦历历于目前。

余尝与婴戈戏言：“人之命名，不可不慎；或云‘性格即命运’，余独谓‘名字即命运’，婴戈其显证也。婴者，赤子也，《道德经》奉为人生最高境界——‘常德不离，复归于婴儿。’戈者，精进之锐器也。以赤子之心，不计利害，精进不已——婴戈一生，注定如此矣！”

岂料，“一语成谶”！

婴戈老弟年过花甲，童心而精进之逸事，时有耳闻。十余年前，彼发起在京系友聚会，跨度自77级而至82级，五六个年级，彼此不识者居多。为促成盛会，婴戈“广撒英雄帖”，仅电话便打出二三百次。又，中文系人瑞朱一玄先生百岁华诞，海内外嘉宾云集，洵为学界一时之盛事。活动过后，印制纪念册时，有人无意间发现，所用照片除校院专业摄制外，泰半出自婴戈之手。诸如此类，不胜枚举。

明年，为母校百年诞辰。婴戈以此文集为贺礼。其中既有可贵的年轮刻痕，更蕴含着南开人可贵的精魂：常葆童心，精进不已。斯物虽小，其心则重。捧之献礼祝寿，岂非甚为合宜！

婴戈此举，功德非小，故愿为之序。

2018 初夏　于南开园西南村

捕捉起飞的火花

——献给母校南开大学百年华诞

周婴戈

历数中华人民共和国高校的年历，最富有张力和冲击波的，当属 1978 年。

不必说这一年有两届大学生同年入校，也不必说中断十多年的研究生招考在这一年恢复，只要记得《实践是检验真理的唯一标准》的檄文是在 1978 年春天发表的，那么历史坐标就会再次回放当年冲击阻碍的刀光剑影，以及拨云开雾的电闪雷鸣。

1978 年雷电擦燃的火种，在高校校园里慢慢燃烧成“反思历史”“忧国忧民”“发奋读书　开创未来”“团结起来　振兴中华”等灼目的旺盛火焰：1979 年，十三所院校中文系学生联合创办的文学刊物《这一代》走向社会，发表了诸如“坐在轿车里去钓鱼的局长，/竟无视‘反光镜’里清晰可见的，/老区人民褴褛的破衣”那些匕首般的诗句，在社会上引起极大震动；1980 年秋，北京大学等校园搭起学生选民竞选人民代表的演讲台，简陋的扩音器发出的声音也引起了中央高层的注意。这两件事都是在秋天收获的季节里发生的，而播种都是在 1978 年！除此以外，那些岁月里，大学生的宿舍里常会收到其他院校寄来的学生油印刊物，有“理论反思”“法制探索”“哲学争鸣”等内容，当然最多的是文学刊物，散发着浓郁的青春朦胧气息的小说与诗歌。我正是在 1978 年走进南开园读书的，从而见证了那些灼目的火焰之燃烧。

总之，1978 年和其后的三四年，是中国高校冲出十年“文革”阴霾，在起飞的跑道上艰难滑行的岁月，“拨乱反正”“思想解放”“深刻反思”……既然是助飞，必然表现出奋进与努力、摩擦与碰撞。摩擦中，迸出火星或火花是必然的。本书就捕捉与记录了那一点点“火星与火花”，或许记叙得远远不够闪亮与激越，但毕竟是本色的“火光”。

散文要旨是“散”。风花雪月、天涯海角、唐宗宋祖，题材散漫则便于抒写，摘取星空的亮点也随心所欲，多一些桃红柳绿也容易渲染“底片”的色阶；而我却给自己出了一道难题，全书二十篇散文，篇篇都要以“南开园……”为标题，有了这样的限定，无疑就是“戴着镣铐跳舞”，写作的难度大为增加。不过，我还是蹒跚地把一曲慢步“华尔兹”跳完，虽然舞步不免笨拙，脚步的弧线也十分幼稚。我努力把一池“马蹄湖”荷花的婀娜描摹得“秀色可餐”。我奉献出珍藏的当年南开园里的照片，让读者通过本书的图文再回味 1978 年开始的南开园里大学生们的思考与活动。

流年似水，逝者不返。中国高校在 20 世纪 90 年代，缓缓飞起来了。大学生们更关心的书是“就业指南”之类，那种“思想解放”与“意识禁锢”之间搏击的火花，已经十分淡漠与遥远了。但，任何飞翔，最基础、最精彩的还是在起飞的滑行中，只有那时才会摩擦出闪烁的火花和诱人的亮点。

文学，是一种心灵感受的描摹与追忆。激情燃烧的岁月已经过去，但翻阅历史转折关头的一点点跳跃或踟蹰，仍是五味杂陈，兴味无穷的。捕捉起飞的火花，在本书里读者会清晰地读到青春的召唤，那是你自己、同伴，抑或国家与民族在那个春天里的徜徉。

您翻开这册书的时候，也一定是绚丽的春天向您走来的时刻！

于 2019 年南开大学百年诞辰之际

目　录

南开园里念扬帆 …… 1
南开园里柳叶青 …… 7
南开园里赤子心 …… 22
南开园里升腾着火 …… 28
南开园里盛传的两份文学杂志 …… 34
南开园里尝“美食” …… 44
南开园里成大器 …… 49
南开园对面的邮局 …… 59
南开园里的北大学生 …… 68
南开园里的独到“孤学” …… 78
南开园里观墨宝 …… 84
南开园里跃苍鹰 …… 95
南开园里当“记者” …… 104

南开园里侯大师……116
南开园里戴校徽……124
南开园里“纯爷们儿”……134
南开园里秋荷艳……144
南开园里刻字忙……156
南开园里《南开园》……169
南开园里文学潮……177

附　录
历史剧：要留清白在人间……185

后　记……241

南开园里念扬帆

1978年的南开园，二月的早春，比以往的十年，来得更轻盈、更踊跃、更浓烈。“报花消息是春风，未见先教何处红。想得芳园十余日，万家身在画屏中。”忍受十年“文革”沉寂、沉闷、沉默的大学校园终于露出了笑容。南开园里迎来了风雨后飞归的第一只春燕，“不辞故国三千里，还认雕梁十二回”，首批通过高考入校的莘莘学子一走进南开园，就与图书馆、与知识、与课堂紧紧握手！

河冰消融、杨柳新绿、乳燕低飞，春日的温馨之后，是夏秋的蓬勃与茁壮。1978年初秋，南开园与全国所有的大学校园一样，又迎进了十年“文革”后，全国统一命题、统一高考而录取的1978级的大学生，还有断绝十几年的经过严格考试而录取的研究生。求知的热切、思想的热烈，使冷寂、冷清、冷漠多年的中国大学校园热闹起来了。这种躁动、炙热的思索，又经过一个春天的孕育、酝酿、催生，终于在1979年的夏秋变成了行为上的萌动。许多大学的学生宿舍里都会收到其他大学宿舍寄来的简装的、油印的、粗糙的杂志，其内容多是对国家、对社会、对历史真挚、真诚的思考与评判。

1978 年，中国当代教育史上的“奇葩”，两届大学生居然在同一年入校学习。若按古代科举制的说法，“同年”人数翻倍。

我清楚地记得，在那个年代里，我家里出现了一份杂志，严格说是诞生了一本杂志！那是我父亲和同事们在 1980 年收获的季节里创办的、至今具有重大影响力的文学刊物——《小说月报》。

当年，我只是南开大学汉语言文学专业的大二学生，读《小说月报》成为我课余时间里最大的享受。在南开大学图书馆的期刊阅览室里，几本《小说月报》几乎从来没在书架上停留过，都是被同学们捧在手里痴痴地阅读着。那个学期，我在课余时间里为另一本文学刊物忙碌着，我参与创办、发行了中国十三所院校中文系大学生联合创办的文学刊物《这一代》。而《这一代》远没有《小说月报》那样幸运。当我宣传和发行完最后一册《这一代》时，杂志就被调查了，再也没有编印第二期。

我父亲当然不知道他的儿子在学校里也“忙活”了一本文学刊物，而是一直在精心审定《小说月报》。《小说月报》在问世后的第三个月，月发行量就突破了百万册，名声大振。父亲家乡的浙江省委宣传部的同志闻讯赶来，向天津市商调父亲回浙江工作。此事，经过一番拉锯式的谈来商去，最终父母于 1982 年调到杭州市工作，家也安在了杭州市南北两端路距最长的建国路上。这一年我大学毕业，独自留在了天津市，依然依偎着南开园。探亲时，我总要从杭州火车站坐公交车从建国路的南端，坐到建国路的北端，去看望编辑文学书籍的父亲以及在家里整理文史知识书籍的母亲。

在杭州，我没有什么自己的朋友，让我惦念的是一条很短的路，这条短短的路却有一个很悠扬的路名——扬帆路。她全长不过几百米，南端的丁字路口往西是幽雅的黄龙洞，北端的丁字路口的正中就是我敬仰的杭州大学的校门了。南开大学的学生之所以敬仰杭州大学，正是因为“扬帆”！

“扬帆”，是杭州大学中文系的学生文学社团的名称。当时我很想看望看望“扬帆”的同学们，但“扬帆”们都已在五湖四海“扬帆远航”了。

扬帆路在如今的杭州市地图上称为杭大路，其实还是叫扬帆路好，因为后来杭州大学的建制取消了，全校并入了浙江大学，杭大路上已经没有了杭大。

叫作扬帆路，起码还让我想起自己当年的同伴呢！毕竟我们曾在 1979 年满腔热情、满脑思索，甚至满腹牢骚地去为一份中国现当代教育史上唯一的全国大学生自愿联合创办的文学刊物而倾注心血、贡献真诚！我多么想拜望一下只知其名而不曾谋面的杭州大学中文系扬帆社的张德强、张也频、李杭育等同学，但他们真的“扬帆”了，有的竟远渡重洋，“扬帆”到海外了。正是“送君四十里，只使一帆风；江边千树柳，落我酒杯中”。扬帆远去，留下的只是淡淡的离愁别绪和绵长的青年同人的情意，“伫立兮徘徊，思君兮戚结”。

我或我们，早已能耐住这种寂寥，正像我们创办《这一代》的热心者，在我们刚刚想用纯真、诚真、率真的热情去表达，对养育自己的社会做一些善意的促动时，一盆冷水劈头浇了下来。正像《这一代》的编者之一——武汉大学中文系 1977 级“珞珈山”文学社的吕波同学写下的：“《这一代》从入手，就经历了印刷终止，装订受阻，发行叫停！”一本杂志还没问世就要面临夭折。千难万险，收了一些同学们的订金，而我们递上去的却是一份残缺的、简陋的、不完整的，连套色封面都缺失的杂志。

在十三所院校的学生社团里，我觉得杭州大学中文系的学生文学社团“扬帆”的经历最像我们的《这一代》杂志了。本来，十三所院校中文系的同学们商定好，用轮流执编的方法来编辑一本全国性的在校大学生的文学习作刊物，以调动、促进、繁荣在校大学生的文学创作实践，为在大学读中文系的同学们走出校门后能更快地融入社会、跟上时代、服务国家、回报社会、奉献人民做一些“预热”性的实践准备。作为学生、作为青年，肯定是热情饱满、眼光锐利、思想单纯的，写一些《轿车从街上匆匆驶过》的对特权现象的愤懑是极正当的。“打猎的书记，钓鱼的局长，请停车！请从历史的后视镜里看一看，看看先烈们惊愕的脸色！”这种“平民”的眼光与2014年中共中央颁发的“亲民”条例恰恰是同出一辙的。然而，大学生的“眼光”激进了四十年，四十年前的1979年初冬，《这一代》杂志因被定为具有“资产阶级自由化倾向”的刊物而被勒令停刊；“扬帆”不再扬帆了，不久，连杭州大学也消失了，并入了浙江大学……

北京大学的校园里曾经流行过一款文化衫，胸前印着“没思想　很痛苦”，背后写着“有思想　更痛苦”。1979年秋问世的大学生文学刊物《这一代》充其量就是一个“青年思想者”而已，并且是幼稚的思想者，她会成长的，也会成熟的，但时代没有给她时间和机会。正像《这一代》杂志原本选中北京大学中文系陈建功同学的《流水弯弯》打头阵，因为《流水弯弯》又被国家正式刊物广东的《花城》定为首篇，《这一代》就把四川大学中文系龚巧明同学的《第二乐章：希望》作为期刊的开篇了。龚巧明的命运不偏不倚巧合了《这一代》的宿命：巧明在去往遥远的青藏高原的路上，翻车葬入玉曲江里，巧明消失了，我们的巧明、我们的《这一代》刚刚扬起征帆就被吞没、埋葬了。

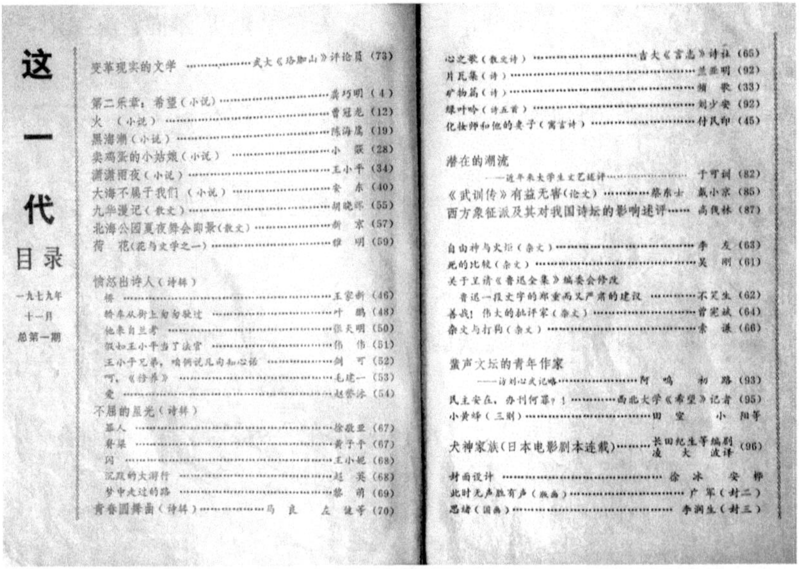
这一代

目录

一九七九年
十一月
总第一期

变革现实的文学 ……武大《珞珈山》评论员（73）

第二乐章：希望（小说）……龚巧明（4）
火 （小说）……曹冠龙（12）
黑海潮（小说）……陈海鹰（19）
卖鸡蛋的小姑娘（小说）……小 荻（28）
潇潇雨夜（小说）……王小平（34）
大海不属于我们（小说）……安 东（40）
九华漫记（散文）……胡晓晖（55）
北海公园夏夜舞会即景（散文）……新 京（57）
荷 花（花与文学之一）……雅 明（59）

愤怒出诗人（诗辑）
　桥 ……王家新（46）
　轿车从街上匆匆驶过 ……叶 鹏（48）
　他来自兰考 ……张天明（50）
　假如王小平当了法官 ……伟 伟（51）
　王小平兄弟，咱俩说几句知心话 ……剑 可（52）
　啊，《诗养》……毛建一（53）
　爱 ……赵紫涤（54）
不屈的星光（诗辑）
　篡人 ……徐敬亚（67）
　脊梁 ……黄子个（67）
　闪 ……王小妮（68）
　沉默的大游行 ……赵 英（68）
　梦中走过的路 ……黎 萌（69）
青春圆舞曲（诗辑）……马 良 左 健等（70）

心之歌（散文诗）……吉大《言志》诗社（65）
片瓦集（诗）……兰亚明（92）
矿物篇（诗）……娟 歌（33）
绿叶吟（诗五首）……刘少安（92）
化妆师和他的妻子（寓言诗）……付民印（45）

潜在的潮流
　——近年来大学生文艺述评……于可训（82）
《武训传》有益无害（论文）……綦东士 戴小京（85）
西方象征派及其对我国诗坛的影响述评……高伐林（87）

自由神与火炬（杂文）……李 友（63）
死的比较（杂文）……吴 刚（61）
关于呈请《鲁迅全集》编委会修改
　鲁迅一段文字的郑重而又严肃的建议 ……不笑生（62）
善哉！伟大的批评家（杂文）……曾宪斌（64）
杂文与打狗（杂文）……索 谦（66）

蜚声文坛的青年作家
　——访刘心武记略……阿 鸣 初 路（93）
民主安在，办刊何罪？！……西北大学《希望》记者（95）
小黄蜂（三则）……田 室 小 阳等

犬神家族（日本电影剧本连载）……长田纪生等编剧 凌 大 波译（96）

封面设计 ……徐 冰 安 桦
此时无声胜有声（版画）……广 军（封二）
思绪（国画）……李润生（封三）

《这一代》杂志目录

从建功的《流水弯弯》到巧明的《第二乐章：希望》，《这一代》不由自主地在演奏着一曲委婉的、清转的青春咏叹调。我总觉得透过建功的《流水弯弯》，能够清晰地看到澄澈的玉曲江底安静地躺着我们的女同学龚巧明，她那原本就如玉的脸上还泛着当年我们共有的青春希望的桃红色；玉曲江的“流水弯弯”，如玉的龚巧明，不能不说这本大学生刊物注定带有来自蓝天白云的“圣洁”和扬帆飘向遥远天际的惆怅！

杭州大学没有了，《这一代》过去了，热烈的思想大潮退去之后，总会留下微澜和慢慢荡开的涟漪；扬帆的航船在天边消失的时候，新的涟漪和波澜又会涌起。日升月落，潮退潮涨，扬帆路上的“扬帆”，值得我们想念，哪怕我依然在南开园；可我真的想念 1979 年的秋天，想念杭州城里短短的扬帆路上的“扬帆”社和曾经扬帆过的中国 1977 级、1978 级的全体大学生们……

同学们，你们还好吗？你们，现在在哪里？你们，还在读书写作吗？

你们，还在刻画那青涩的、桃红的、泛着青春粉晕的“芳华”吗？

你们，还在诗谴“坐着轿车去钓鱼的局长”那慵懒、自私的身躯吗？

你们，还在“愤怒出诗人”的火焰中取暖吗？

你们，还在翻阅那跳跃的、灼热的、无畏的、直率又真挚的诗句吗？

南开园、“南开园”、《南开园》在今天真诚地问候你们！

南开园里柳叶青

2012年，国庆节刚过，南开园里就召开了纪念恢复高考后的1977级、1978级同学毕业三十周年庆典。重聚南开园时，有一部热播的电影《那些年，我们一起追的女孩》给人们留下了极美好的印象和联想，也使我想起了南开园里的许多女生。我多么想再看清三十年前在人们记忆中的如清荷、如香桂、如玉兰、如红梅的那些女生们，是她们装点了南开园的四季，润色了马蹄湖的风景，是她们使南开大学的校徽在庄重、严谨的光辉中又增添了闪亮和芬芳。

记忆总会把我们不由自主地带回到1978年，虽然相隔四十年了，但那记忆还是那样鲜亮，那样鲜明，那样鲜活。尽管那些“同桌的你”早已穿过了嫁衣，也把头发盘起，但在我的眼里她们还是我当年的女同学，还是南开园里不可或缺的馥郁花卉。我在这篇小文中要记写的是在南开园里绽放才情的女才子——柳犁（化名）。

我能认识南开园里的女才子柳犁就是一种缘分。那是在1979年的上半学期，校学生会文艺部应在校同学的呼声，为丰富同学们学习之余的文化生活，成立了南开大学校学生文工团。我凭着在中文系喜欢朗诵诗歌的一点儿基础，加入了文工团话剧队。校学生文工团成立的那天，我怯生生地坐在话剧队的后排，整个话剧队就我一位是来自中文系的男生，还有一位中文系的女生担任话剧队的队长，是我的领导。中文系的同学在专业学习中就接触话剧，在外院系同学眼里，中文系的同学参加话剧活动就应该是话剧队的主力，因此我在话剧队里很不自在，就躲在话剧队的最外围。

作者在话剧队表演

南开大学的话剧演出是有着很优秀的历史传统的。1979 年加入南开大学校学生文工团话剧队的同学，特别是女同学，都是有着很厚实的文化基础和极浓厚的演出兴趣的，同时大多也是为人热情爽朗的女生。当我在话剧队中明显表现出情绪低落时，第一个向我伸出热情、真挚之手的就是柳犁。

话剧在南开学校的历史上有着良好的传统和光辉的成绩，被称为“文明戏”的话剧刚登上我们这个古老、保守的民族演出舞台时，被压在中国社会底层的妇女们是不敢登台亮相的，第一批登台亮相的演出文明戏女角的演员，就有后来在国际舞台上演出过一幕幕精彩“大戏”的中国国务院总理——周恩来。所以，我们话剧队特别受到文工团领导——校学生会文艺部部长梁玉才、副部长孙艳的关注。他俩到我们话剧队来，让大家畅所欲言，献计献策，决心重塑南开话剧的辉煌。梁玉才说：“南开的话剧舞台，不是普普通通的学生话剧舞台，而是中国新文化思想立足‘文明戏’的演出，是向几千年的中国封建制度、封建思想发起大进攻的战壕和阵地。这个阵地上，掀起过《雷雨》，升起过《日出》，在整个中国‘五四’新文化运动中，南开的话剧舞台是一柄利剑，是镶着宝石、闪着光芒的利剑。同学们，一定要继承和发扬我们南开的这一优良传统。”梁玉才的一番话，让所有在座的话剧队队员都感到有一种使命感、有一种冲动感，应该重现南开话剧舞台的辉煌。

梁玉才部长的讲话，再加上中文系 1977 级女生、文艺部副部长孙艳的鼓动，之前还互相陌生的来自不同系科的同学们一下子熟识起来，活跃起来。大家都纷纷发言，决心要让南开话剧舞台在我们手里再闪亮起来。我们话剧队队长是很有才华、文学功底很厚实的中文系 1977 级女生赵玫，这位女生后来成为在中国响当当的女作家；我们副队长是家境殷实、家庭教育优良、见过大世面、登过大舞台的哲学系 1978 级的朝鲜族男生林哲英。两位队长都曾经是天津市实验小学的学生，学习基础都打得很好，他们都发表了很内行的讲话。四十年后，我还清楚地记得赵玫队长对全体成员的要求，她说：“我们在平常就是同学，进入戏，就是角色，要对舞台角色负责。比如，周婴戈演我的男朋友，就要真心拥抱我，你表演不真心，有顾虑，观众一眼就看出来了。表演就要进入角色。”赵玫是中文系的女生，她与我较熟悉，就拿我举了个例子，却不曾想惹得全队同学都齐刷刷地向我看来。本来在女生面前就胆怯的我，让女生们扫了一眼，好像被战场上的冲锋枪扫过一样，胸口的血都快流出来了，血也一下子涌到脸上。但我没有把头低下，反

1981 年南开大学校学生会文艺部部长梁玉才（前左四）和校学生文工团部分成员合影

而挺起了胸膛。因为，毕竟要为南开的话剧舞台做贡献了，要登上有优良传统、有“刺破青天锷未残”气概的南开的话剧舞台了；我想，当时所有的南开大学话剧队队员都有与我一样的志气、抱负和激情。

团长们、队长们依次讲完话，有一位女生主动走到我身边，她已经从赵玫队长嘴里知道了我的名字，就直接称呼我：“周婴戈，你是中文系的同学，你想想咱们话剧队第一个推出的戏，应该是什么作品？是老戏，还是新创作的作品？”一听这位女生的话，就知道她是有见解、有主意、有阅历的人。我刚才的怯生、羞涩，被她的真诚和大方一扫而光，她的热情感染了我。我移动了一下身子，示意让她坐在我身边，我们共同商讨这个关于我们新成立的南开话剧队的舞台首次亮相的重大话题。

这位我还不知姓名的女生，用很内行的话语，一下子就把我的思想引导到“怎样在舞台上耀眼亮相”这样一个主题上。我也不避浅陋地谈了自己的意见，我说：“按说，我们是南开大学话剧队，应该演一下曹禺先生的作品，就像你刚才说的，我们是以老戏让人瞩目还是用新戏崭露头角，是关系到我们继承南开话剧优良传统的历史问题。但曹禺先生的作品，都是经典，国内各专业话剧团都屡次演过，我们再演，就有个表演的水平、质量关要闯了，难度不小；我们的演员数量和演员阵容都有些吃力呀。”我实事求是地把这话对这

南开大学的话剧舞台

位女生说了。

这位女生是真心要与我讨论话剧队的首演应该是怎样一个面目。她又接着说："我们能不能选择《雷雨》中的一幕，戏剧冲突最激烈的一幕，扣人心弦，依托曹禺先生的优秀作品，把观众的情绪带进戏里？"

女同学的诚意和认真打动了我，她真是为我们南开的话剧着想。我也就搜索枯肠，开动脑筋在想这位女生的提议。这女生看到我沉思良苦的样子，就不知从哪里摸出一块糖递给我，说："周婴戈，你别这么苦想了，吃块糖，想的场面开朗些。"我接过糖，放进嘴里，觉得甜味从心底里化开了。

甜甜的糖，放在嘴里，化在心里。我扭过脸去，看看身边这个真心为"南开的话剧"出谋划策、苦思冥想的女生。她，圆圆的脸庞，黑黑的短发，比黑发还黑的是她的眼睛，她的眼睛黑得发亮，透着聪颖和活泼，除了聪颖使她的眼睛这样黑亮黑亮的，还因为这黑亮的眼睛是镶在十分白皙的脸庞上。虽然 1982 年我们先后毕业，柳犁出国定居，我再也没有见到过她，但她给我留下的最清晰、最深刻的印象就是那十分白皙的脸庞。因为这白皙的脸庞，也使我记住了她健康的、红润的嘴唇和黑亮的眼睛。毕业很多年后，我碰到南开园话剧队的朋友们，大家提起柳犁，都会从她白皙的脸庞说起。白皙的圆脸，几乎成为南开园里的同学们记起柳犁的标志。

柳犁，除了白皙的圆脸，还有让人印象深刻的，就是在这张脸上常常流露出来的微笑；因为可爱的白皙的圆脸，柳犁的笑也十分圆润、甜蜜，总之，我是这样感觉的。那天，柳犁第一次坐在我身边，与我探讨南开话剧的首度亮相问题，她就是含着微笑与我说话。柳犁的普通话发音很准，声音很甜，这是能参加南开话剧队的基本条件。所以，我们话剧队的同学，声音都很好听。

与柳犁对视，使我很不好意思。如果是上了演出舞台，我一定会像赵玫队长要求的那样，去真心拥抱一位女生，哪怕是现在坐在我身边、我却还不知她姓名的这位一心一意为南开话剧尽心尽力的女生。可当时不是台上演出，甚至我们还在为南开话剧的首度亮相而发愁呢，我哪里有什么勇气去迎接她黑亮的明眸里看着我的目光？我把脸低下了，眼睛死死盯着黑黑的课桌桌面。我是中文系的同学，我有责任为我们的南开话剧首度亮相的剧目编选贡献力量。我苦想着，同时我也本能地感觉到我身边的这女生就像我死死盯着课桌一样，在死死地盯着我，她希望我为我们南开话剧队想出一个好方案。我的脑子里，有几个方案、几个剧目在轮流转动着，可还没有一个是我认为最恰当、理由最充分的，我在苦恼着。

苦恼，使我又情不自禁地把脸扭向了这位女生，好像她能给我许多力量和勇气一样。其实，后来我才明白，她能给我的不仅仅是力量和勇气。所以，我一直感谢柳犁，也一直记着柳犁！

我把脸扭向了她，与她那似乎可以触摸到的目光对视了一下，我又不好意思地低下头。就是这短短一秒钟的对视，她好像完全看清了我的心思。她马上开导我说：“周婴戈，你说说看，说错了也没关系，这不是在探讨吗？哦，对了，我应该先告诉你，我叫柳犁，历史系的同学。”这女生，不但明眸善睐，头脑也极聪明，她这样说，是为了打消我的紧张，也劝导我勇敢地说出我心里还不

学生演员在话剧舞台上

成熟的想法。

我一下子不紧张了，就顺着她的名字说：“‘两个黄鹂鸣翠柳’的柳鹂吗？”小柳让我逗乐了，她笑起来嘴角轻轻画成弧线，很美。她又很轻松地用胳膊碰了我一下，说：“你可真是中文系的同学，我从小到大，没有人说我的名字与杜甫的诗有联系；别人会猜到的是‘美丽’的‘丽’，或者是‘茉莉花’的‘莉’等等。我上了小学，才发现班里叫‘王丽’‘刘莉’‘张利’的同学太多了。我父母给我起的名字是‘犁田’的‘犁’，可能他们希望我是男孩吧，就叫我‘小犁’，正巧与天津作家孙犁先生同名了。这回，你容易记住我的名字了吧。我们家就缺一个文学家，我妹妹在医学院读书。”

我刚知道历史系这位女才子叫柳犁，她又说到她妹妹在医学院，真莫名其妙。我没有理会柳犁的这话，倒是她的“犁田”的“犁”让我有一种开垦荒野与芜草的感觉。我鼓了鼓勇气，说：“按说，我们南开话剧队应该演出一次曹禺先生的作品，这样才无愧于南开话剧队了，曹禺先生的《原野》作品，倒是可以考虑考虑。”

柳犁听了我的话，可能很高兴，或者说点燃了她什么兴奋点了，她又向我这边下意识地移动了一下，侧脸看着我说：“周婴戈，你说什么，《原野》？什么《原野》？”曹禺先生的《日出》《北京人》《雷雨》都是在中国现代文学史上重点讲述的作品，一般的人都知道。《原野》是一部小戏，演出频率不是很大，主要表现了丰富、鲜明的人物性格。

我对柳犁慢慢地说：“《原野》是曹禺先生创作的一部三幕话剧，上场四个角色，一个地主老太婆，是盲人；她儿子焦大星，性格怯懦；儿媳妇大金子，正直爽朗，不满瞎老太的阴恶，但新做了母亲，有了一个襁褓中的儿子；这原本凑合还算平安的家，突然来了一位老邻居仇虎。善良的仇虎全家被地主和地主老太婆陷害得家破人亡了，仇虎是回来报仇的。他与大金子原本相爱，他这次要带走大金子，也是报仇方式之一。瞎老太知道仇虎是复仇来的，怂恿焦大星害死仇虎，焦大星因为与仇虎是从小的玩伴反而对仇虎很友好。瞎老太就亲自下毒手，她凭着灵敏的听力用手拄的铁棒朝睡着的“仇虎”猛然打下去。仇虎事先悄悄地把自己睡的地方放上了地主家的襁褓中的孙子，瞎老太害人不成反把自己心爱的孙子打死了。戏剧到高潮也就落幕了。”

曹禺先生的《原野》写得很精彩，跌宕起伏，但是我的讲述很平淡。不曾想听者柳犁是个“艺术细胞”很丰富的女生，后来我又发现柳犁也是“情感细胞”同样丰富的女生。

文工团部分成员合影

我把曹禺先生的作品简要地介绍了一下，但柳犁却准确地捕获到曹禺戏剧的生气。她轻轻握起拳头在课桌上一捶，说：“真棒，第三幕是高潮，也是结尾。戏演完了，还让观众们余兴未散，久久回味。我们就排第三幕！周婴戈，明天晚上咱俩到图书馆先读读《原野》原著，你一定来，我在三楼阅览室等你。”说完，柳犁又摸出一块糖放在我桌前，走了。

我本来就是学习吃力的学生，英文只能把二十六个字母搞熟，总想抓紧时间补习英语或现代汉语语法课程；没想到让这么一位生机勃勃、热情四溢的历史系女生把我拉到戏剧舞台上去了，我真无可奈何。

笨学生总是要服从好学生的，转天下午我就把《原野》的原著读了两遍，又看了一些评论分析，力图好好地去把握《原野》的人物性格与戏剧冲突。我特意很早地吃了晚饭，等我赶到老图书馆的三楼阅览室时，柳犁已经坐在明亮的灯光下了，旁边是她给我占的座位。我看到柳犁在读当时较流行的唐弢主编的《中国现代文学史》，她是想从"史"的宏观来把握曹禺的《原野》。我没有说话，把我找到的《原野》移到她面前，她也没有说话，从桌面移过来一块糖。南开园的阅览室里没有人说话，静静地一直到熄灯的铃声响过，同学们才纷纷恋恋不舍地从座位上站起来，有的去还借阅的书刊。

柳犁站起来，黑亮的眼睛直盯盯地看着我，但好像还没从《原野》里返回来；我递给她一个我傍晚买来的蜜橘，算把她从"原野"上拉回来了。她跟着我到了新开湖边，才开口说话："《原野》的戏，人物性格太丰富了，戏剧冲突也安排得紧凑、巧妙；我们要是演这出戏真要好好排练一番了。"说着，她便向马蹄湖方向踱去，我也跟着她走去。

月光、散步、《原野》；暮春花香、并肩人影、南开话剧；我们俩不知道说了多少话，也不知道时间过了多久。慢慢地、慢慢地，月亮好像已经升到正南，很亮很亮，银盘似的瞧着地上幸福的人们在微笑。马蹄湖边，春柳细叶微微地飘荡着，把月光一缕一缕地送到湖面，湖水荡起轻轻的涟漪。我觉得南开园是这样美，天上一轮明月，我身边也是一轮明月，就触景生情用朗诵的语调来了一句："月上柳梢头，人约黄昏后。"

柳犁斜扬起脸，亮亮的眼睛凝视着我，真好像月亮只照在她脸上，我正等着她说一句夸奖我的话呢。不曾想，她说了一句："婴戈，你知道我妹妹叫什么名字吗？"真扫兴，我直感觉迎面不是"秋波"，而是"秋风"。"我不想知道你妹妹叫什么名字，我只知道你叫柳犁。"我像秋天来了一样，冷冷地说。柳犁反而"咯咯咯"地笑了，她第一次这样笑出声来。她笑着说："我妹妹叫柳月，她是'月上柳梢头'时间生的，眼睛就像月亮一样，又圆又亮。她比我爱好文学，你哪天一定到我家来玩。"我没有兴趣再欣赏今晚的月亮了，身边的柳犁非要提起她家里的柳月；在如水的月光中，听着"柳月"的名字，我送柳犁回女生宿舍了。

南开大学话剧队讨论了关于我和柳犁提出的试演曹禺《原野》的提议，但在演员选择、演出质量上找不到最稳妥的方案，这一提议迟迟不能落实。倒是历史系的同学，在我们校话剧队的男生韩永进、女生殷小未的努力下，自创自编自演了历史剧《要留清白在人间》。这出新编历史剧演出之前，韩永进和柳犁都分别通知我去看戏，我便约了我们副队长林哲英一同去欣赏。

《要留清白在人间》演出剧照

历史系同学的历史剧《要留清白在人间》，从编剧到演出，确实精彩，很遗憾当时没有普及录像技术，该剧的演出没有录制下来。不然，真可以把这场剧作为我们南开话剧史料来永久保存，让后来者知道在1977级、1978级中间曾经绽放过《要留清白在人间》这场优秀的学生自创自编自演的历史话剧。这场话剧的主角于谦，当然是我们校话剧队的男生韩永进来演了，饰演皇帝的就是后来十分热心捐建南开大学高端继续教育设施的实业家李德福。

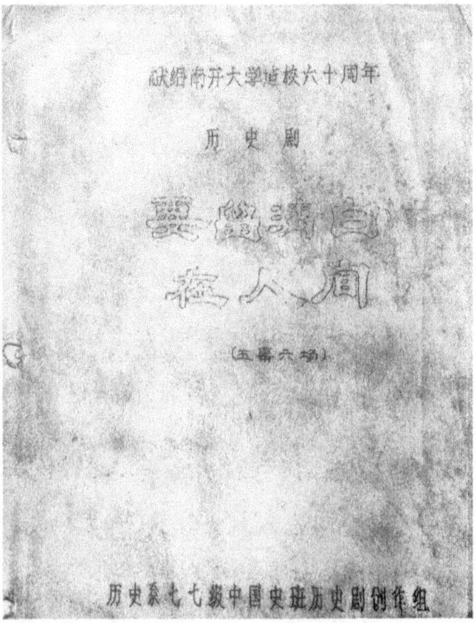

《要留清白在人间》剧本封面

虽然，《要留清白在人间》的演出是在20世纪80年代初，但三十多年后我还清楚地记得李德福穿着绿底黄花的官服，韩永进同学的舞台道白抑扬顿挫、声情并茂，久久地在礼堂里回荡，这影像宛在昨日。在整个演出舞台上，我没有看到我们校话剧队女生柳犁和殷小未的出场，但我知道，为这场演出，她们付出的心血很多。因为，她们俩是这场戏的导演，特别是柳犁还是演出的舞台美术设计者；整场古装剧《要留清白在人间》明亮、华美的舞台美术就体现着历史系女才子柳犁的美学观念。三十年多后的今天，我在想：当学生时获得论文比赛二等奖、三等奖之类的，远远不如登台演一次于谦有意义；论文写作是一辈子的事，黑发、白发时都可以写论文，而当一次学生演员却是只值青春年华才能做的事。

柳犁的才华和美学思想，那一次观摩她导演的《要留清白在人间》，我就领略了；不久，我又见识了一次。那时，我们考进南开大学不久，学校恢复了一份报道南开园新闻和学习生活的《南开大学报》，那是由南开大学宣传部直接出刊的校报。我是那份校

1981 年南开大学学生参加天津市大学生文艺会演

报的通讯员，每周我都会在本班各宿舍送一份报纸。有一次我看到一幅“提倡爱护公物”的公益漫画，漫画构图巧妙、主题鲜明、笔法新颖，画者居然是柳犁，在我心中有很重分量的柳犁。

两次看到了柳犁的多才多艺，我自知与柳犁的差距很大，就有意回避柳犁。如果在图书馆门前看到她的身影，我就立即转过身，往主楼教室去自习；如果在水房边瞧见柳犁淡雅的裙装，我就没病也躲进旁边不远的卫生院里。总之，我处处在躲着柳犁，可心里又为有这样多才多艺的南开女生而高兴，与柳犁这样的女生做大学同学，我自己真要加倍学习，不断努力呀！

我处处躲着柳犁，可还是经常让她把我“逮个正着”。有天下午，我为我班里的排球活动到学校体育教研室去联系架个排球网的事情。当时南开园的体育教研室在教学区的东北角，那里有游泳池也有排球场，还有很多体育设施，到那里活动的同学很多，人声鼎沸、生龙活虎。我走到那里正找不到教研室的门时，一群穿着桃红色体操健美服的女生说说笑笑地从一间房里走出来。20

世纪 80 年代初看到女生穿着体操服，四肢全裸，我赶紧把脸扭向一边，想迅速离开，正在这时，有一个声音传过来了："周婴戈，你是来找我吗？"顺着声音，我看到是柳犁穿着体操服从那群女生中走向我。我很窘，一群女生都在看我，我不知所措，慌忙中说成："是，是，不是。"其实我是想说，不是的。柳犁向女伴们挥了一下手，说："你们先去练，我马上来。"女生们走开了，柳犁嗔怪我："怎么很长时间看不到你了，你在读什么书？""我在写一篇论文。"我找了一个恰当的理由来掩饰自己在躲避柳犁。"那今天晚上，你到阅览室来，我也有文章让你看呢，你一定来，要不然我到你们宿舍找你去！"柳犁说得十分坚定，我不得不点头同意。柳犁这才转过身去，又扭过头来看了我一眼。

晚上，我怀着复杂的心情走向图书馆，一方面看到柳犁文史功底这样深厚，美术与体操又这样出色，柳犁是站在高处来看着我，我在低处；另一方面我又觉得做一名南开园的男生真是幸福，南开园的女生是这样有情有义，柳犁无疑是南开园女生们的代表！

走进阅览室，柳犁还是已经坐在明亮的灯光下了，她这次不是一味低头读书，而是抬头看门口。我坐到她身边，她从桌面上移过来一册翻开的杂志，那是一篇小说，张弦老师的《挣不断的红丝线》，这标题下是一块绿色糖纸包着的雪梨糖，这又让我心里甜甜的。

《挣不断的红丝线》，我看过了，而且是我把它推荐给当《小说月报》主编的父亲。我父亲创办了在全中国读者最多的文学刊物《小说月报》，这件家事我没有对柳犁说过，因为那是我父亲的业绩，与我无关。现在，柳犁向我推荐《挣不断的红丝线》，我又分明地感到南开女生的情义和热情。我什么也没说，又把《挣不断的红丝线》读了两遍，隐隐感到自己也走进了《挣不断的红丝线》中。

依然，又是从新开湖踱到马蹄湖；依然，又是星光灿烂、月光如水；依然，又是垂柳依依、花好月圆；依然，又是文学与史学、鲁迅与郭沫若；依然，又是“柳月”，而不是柳犁。

直到 1981 年的仲秋，我才明白柳犁对我说的“柳月”的意义。秋日的中午，阳光正好，我正想到新开湖边去念念英语，有两个女生推着自行车挂着一个煤气罐从大中路往北走来了。那年头，男生给家里换煤气罐，都是挂上煤气罐骑着自行车。因为是女生她们当然不敢骑上车了。我定睛一看，是柳犁扶着自行车后座架，前面高一些的女生扶着车把。我赶紧迎上去：“柳犁，我来帮你，给我吧，还用两个人推一个煤气罐！”我终于有个谢柳犁的机会了。柳犁看到是我，很是高兴，她忙喊：“柳月，这就是周婴戈，我们中文系的才子，你让他来推车。”我这才注意到柳月有一米六六高的婀娜身材，皮肤也如柳犁一样白皙，两个眼睛正如柳犁说的又圆又亮，如一泓秋水，柳月真的是绿柳青青，月白若水。

柳月向我望了望，甜甜地一笑，那笑与柳犁一样，说了声：“谢谢，我就是要练练。”还依然紧握车把往前走。柳犁则停下来，急忙问我：“有笔吗？”我赶紧把笔和英语书递上前，柳犁飞快地写了××村××楼 301，就赶紧去追她妹妹，跑了两步，柳犁还回过头来对我喊：“婴戈，你一定来呀！”

柳犁与柳月走远了，渐渐地在南开园消失了。后来，我再也没有见到过她们。

那时，柳犁所在的 1977 级的同学是在大学的最后一个学期，他们都在忙着写毕业论文，很少在校园里、操场边、舞台上出现。我听说，柳犁的毕业论文题目就是《史学家的文学才情》，那是一个跨学科的边缘选题。我也到南开园的××村××楼 301 去拜访过，但主人家根本不姓柳。我四处打听，都说没有这个楼号。转年，我也开始写毕业论文了，去我的导师鲁德才老师家次数最多，鲁老师告诉我，××村××楼 301 应该是天津大学的教工宿舍楼，我才恍然大悟。我这一辈子，鲁先生教诲我的东西实在是太多太多了。

柳犁已经毕业了，听说分配到中央文史研究馆，我也不好去隔壁的天津大学的教工宿舍楼去拜访了。后来又听说，柳犁定居到北欧，再也没有回来过。

多才多艺、有情有义的南开园女生柳犁走了，她与柳月一同在我的视线中走远了，只有马蹄湖畔的垂柳年年岁岁“碧玉妆成一树高，万条垂下绿丝绦”。

南开园里赤子心

1955 年的南开园是快乐的天堂，至少中文系的郝志达先生在那时是那样认定的！

后来，郝志达先生与南开园里的师生们都认定南开园是快乐的天堂，那就是 1978 年那一年了！

1955 年，19 岁的郝志达从东北的“白山黑水”考进南开大学中文系，走进了南开园。荷塘莲香、月季花艳，图书琳琅满目、同学才华横溢，南开园里的一切，在郝志达眼里都是美好的、灿烂的、光明的，就是天上出现的乌云都镶着金色的光边。还有什么比生活在 1955 年党的光辉照耀下的南开园更幸福、更快乐的呢？没有了，郝志达似乎觉得伸出手来、前倾身子，就能摸到共产主义了，红太阳的光芒那样温暖、那般慈祥地照在南开园，照在郝志达和他的同学身上。那时候的郝志达在心里唱着一首歌：“母亲只生了我的身，党的光辉照我心……”党，给了我们一切，党是阳光，党是雨露！党，是那样光荣、正确、伟大，对党要无比信任、绝对忠诚、无私奉献！郝志达这样唱着，虽然跑调走音，但依然虔诚地唱着。

1958 年的春天，郝志达已经是中文系三年级的大学生了，他在教室里、图书馆里学过了先秦诸子、楚辞，知道了三闾大夫屈原。

郝志达能成为共产党员，也是因为他常常在心里盘问，在心里琢磨，他不像有些同学常常爱发表自己的见解，心直口快，藏不住话；郝志达只想多为组织、多为中文系、多为同学们做一些好事，为老师、为同学尽一点心力，而不去发表个人的议论。

让好同志郝志达不明白、不理解的事，发生在1958年的春夏之交。前些日子激扬慷慨给党提意见的同学、老师甚至教授，当然也包括并不随随便便发表自己个人见解的教授，突然被定为了"右派分子"。郝志达连什么是"右派"也没有搞得很清楚时，那些被定为右派的教授、老师就再也不能给郝志达讲课了，郝志达心里着实纳闷、失落了一阵子。多好的教授、老师啊，给同学们讲了许多知识和做人的道理，怎么说他们是右派就是右派了，连讲课的机会都不给他们了。那些朝夕相处的同学，平日里有思想、有见地、有创新，能一清二楚地表达自己的看法抑或意见，但，心地都是善良的、愿望都是良好的、态度都是热情的，怎么这些同学会变成"敌人"了呢？还要把他们送到"劳改农场"去劳动改造？郝志达想不明白，但又说不出什么，好同志郝志达只能在心里盘问着，并默默地为到"劳改农场"去劳动改造的同学收拾行李，又把一册《楚辞新注》塞进同学的行囊里，郝志达希望屈原的坚贞品格能鼓舞一下往日的好伙伴、好同学。

1959年，郝志达留校了。小郝老师在中文系一边帮助系里领导做一些行政工作，一边还在深入学习先秦诸子和楚辞。

书中战国时代，是各种思想学说可以自由抒发、百家争鸣的时代，各种学说之间可以互相辩驳，说长道短。这与当时的氛围恰恰相反，这使好同志郝志达心里百思不得其解。

但当时不是战国时代，郝志达在心里盘算着，还是别随随便便发表自己个人的见解为好。郝志达潜心研究先秦诸子学，同时他依然是多做一些好事，多尽一点心力。

郝志达也不是什么话都三思而后言的，比如说一说红烧肉、炸酱面，郝志达还是兴致勃勃、脱口而出的。1959年郝志达留校不久，国家就闹上了饥荒，年轻力壮的郝志达很快就感到吃不饱饭，肚子饿得咕咕叫。

凡是从那个年代过来的人，凡是从那个年代饿着肚子过来的人，都能理解每顿半个棒子面窝头是多么重大的事情，南开园确实多拿不出来，国家每月给郝志达的粮食、给每个人的粮食，都是定量的。

不能再吃到那半个棒子面窝头，就只能躺在被窝里想那窝头的味道，或者干脆想那红烧肉的味道。那时候，躺在被窝里想食堂里飘过味道的，不只郝志达一个人，在他同宿舍里，就住着两位也是被肚子饿得咕咕叫而忍不住想炸酱面的年轻人：一位是常把红烧肉的形状描绘得十分逼真、讲话充满激情、语言感染力很强的宁宗一，一位是说起天津市的传统早点能让你也禁不住流出口水的苏振鹭。郝志达的两位同室伙伴，也同样被饥饿所裹挟着、包围着。饥饿的人们总是要寻找一些驱赶饥饿的办法，在宿舍里谈论一下以往吃过、见过的饭菜，也是一种抑制饥饿的方法。这三位年轻人称这种方法叫“精神会餐”。说一说铁铛摊煎饼果子，抹了面酱要撒芝麻，当然，摊上一个鸡蛋与不摊鸡蛋的味道就是不一样。苏振鹭用对比的方法把摊鸡蛋与不摊鸡蛋的两种味道描述得惟妙惟肖，郝志达听得津津有味，他真佩服同室这位苏大哥对生活中的细节观察这么细致。郝志达一拍大腿，说：“苏兄，你真说到点子上了，摊上鸡蛋的，再放点儿葱花，嘿，那香味就全出来了。”三个中文系的青年教师哈哈大笑，好像每人吃

宁宗一（右）与郝志达

下了一套鸡蛋煎饼果子似的，肚子饱没饱，先放在一边，精神上先饱餐了一顿，快快乐乐先大笑一场，肚子的饥饿也似乎随之跑远了。

此时，郝志达真正切身地体会到诸子百家中庄子阐述的那种“逍遥”，那是一种勒紧裤腰带、驱赶饥饿的纯精神的放飞，一种纯意念的逍遥，那无所拘束、无所顾忌的遨游，确让郝志达感到做一个自由人的惬意。郝志达对老庄的无为、无恃的逍遥自在思想的深刻领悟，来自生活的实践，这种认识是深深刻在郝志达心灵深处的。

正当郝志达的心弦被这种博大精深的学术思想所拨动时，一个莫名其妙的政治探测器把郝志达宿舍里的这种为了驱赶饥饿而创意的“精神会餐”称之为“修正主义裴多菲俱乐部”。

后来，郝志达到农村搞过“四清”运动。

后来，郝志达还是在中文系一边帮助系里领导做一些行政工作，一边深入学习先秦诸子百家和楚辞。

后来，南开园里的老师们友好地称郝志达为“耗子”。

1978 年以后，南开园里的笑声开始多了，中文系阅览室里的师生也开始多了。

1978 年，可以说是郝志达老师在南开园里生活四十年的分水岭。1978 年以前的二十年，由于各种政治运动，郝志达周旋于行政管理与教学科研之间，他煞费苦心保全自己，也想方设法保护别人，所以系里系外称郝志达为精明的“耗子”；1978 年以后的二十年，郝志达才真正沉下心来读书做学问。

在南开园里生活了四十年后，郝志达夫妻选择了搬迁到澳大利亚与女儿同住，郝老师离开了南开园。

郝志达老师的专业是中国先秦、两汉文学，在南开园里，必修课、选修课郝老师都教授过，讲《诗经》《楚辞》是他的专长！离开南开园，到了异国他乡，古典文学的意境和中国民俗的情调继续在郝老师心里燃烧，心弦不由地颤动。先生在电脑前，写下了熟悉的读诗感悟。电脑成为郝先生离开南开园后最得力的助手，他把感想、顿悟随时敲在键盘上。原本郝先生想学东坡作画，学他画一张扔一张的洒脱，让那文字随白云飘去。不曾想，后来郝先生查出了癌症，在惊恐、不安之后，先生决心坦然迎接必然的落幕。

郝志达教授离开南开园，移居大洋洲，浸润了中国古典文学几十年的人，旅居海外，那“十里一徘徊”的眷恋就来得更深刻。郝先生就在大洋彼岸的电脑前更畅快地、更倾心地把自己内心的感悟敲在键盘上，日月积累，电脑里存储了郝教授的许多话语与思想。现代教育出版社慧眼识珠，将郝志达教授电脑里的近三十万字的随笔、散文辑成了一部厚重的图书《不知身是未归人》。

在南开园，我翻开《不知身是未归人》这本书，书页里跳跃出来的是郝先生真率的话语和惯用的词汇，字字音音，真像郝先生打来的越洋电话向我们絮絮叨叨地唠着家常。文字不必推敲、段落无须修饰，随心所欲，道出一个“真”就是了。先生在《不知身是未归人》中写道，三十年前，他骑着自行车举着冰糖葫芦赶回家，把那鲜亮递给他女儿，女儿还没吃，他心里先慢慢化开了“冰糖”。如今古稀之年的老爷子，盼着的却是女儿能为他买回一串冰糖葫芦！真诚注定蕴含着

无限的穿透力，一串冰糖葫芦串起了普通中国百姓从幼年到老年的历程。郝先生远在海外，心灵的感受就愈发清晰了！郝先生有十四篇旅欧散记，所到之处皆名胜：伦敦参观白金汉宫、塞纳河豪华游船上观赏巴黎圣母院、比萨斜塔下留影，这游玩听上去就很美，先生更是兴致盎然，一一记写了情景相融处。然而这华丽的旅欧给予他心灵的震撼，又远不及一个朴实的中国“年三十”。郝先生在《回味“年味”》中，精准地归纳记忆中的“年”是：圆，没缺欠，亲人团圆，交杯碰盏，互问冷暖；甜，从吃“灶糖”到“压岁钱”，品尝到的都是心底飘起的那份甜；浓，春联、鞭炮，认识与不认识的人都互道着“过年好”。“年味”浓得让人陶醉，也让郝先生在大洋彼岸牵肠挂肚。

大洋彼岸，癌症突袭，化疗伤了心，更伤了胃。最懂父亲心的郝先生的女儿远道往返，默默打开食盒，让郝先生眼睛一亮的竟是煎饼果子、老豆腐，这在故乡普通得再也不能普通的早餐，让先生在病痛中享受了一次美宴。那场景，郝先生这样记下：“我狼吞虎咽似的把一套煎饼果子吃掉，还足足喝下大半碗老豆腐！对老伴和女儿说了一句，美极了！”先生无力再写下去了，先生还需要再写下去吗？谁都明白，郝先生描摹的哪里是一碗“老豆腐”，分明是浓得化不开的乡思！看到此处，我的泪嗒嗒地落在书上。

中国融入世界，侨居海外的国人多起来，越洋电话也自然多起来，想告诉我们的话当然很多很多。郝先生这本《不知身是未归人》正说出了千万华人游子反反复复、掏心掏肺要说的那些话语。一本《不知身是未归人》就是一通断断续续的越洋电话，三十万言，你随时随地听，因为它没有电缆，你所听到的是一位南开园里的赤子怦怦跳动的心……

南开园里升腾着火

历史，总有惊人的相似；历史，又是唯一的，仅可复述，而不可复制。

1978 年，党的十一届三中全会召开，1977 级、1978 级大学生在这一年同时入校，中国大学的校园热闹起来了，南开园也热闹起来了。那段历史，也是唯一的，不可复制的，现在回想起来，那一页历史是那样鲜艳、那样热烈！那时候的南开园明显升腾着火，许多事都容易“热”起来！

1978 年 2 月，春节过后，1977 级大学生入校；1978 年 5 月 10 日，中共中央党校内部刊物《理论动态》第 60 期刊发了《实践是检验真理的唯一标准》一文，转天 5 月 11 日，《光明日报》公开发表了这篇文章。虽然，这篇文章燃起的星火还没有传到大学校园，但大学校园早已充满了支持该文的人们。《实践》一文阐述的是一种思想，一种打破“迷信”的思想和观念，强调实践与探索的重要性，这在中国可以说是“划时代”的进步。令人欢欣鼓舞。

大学与中学最大的区别，就是大学不仅教授知识，还是传播思想和观念的地方。1916 年，蔡元培先生担任北京大学校长，鲜明地提出“大学乃治学之地”，从此，学术独立、思想自由、兼容并包就是蔡先生一贯的办学原则。同一时期，中国开始了一场反对封建思想，提倡科学、民主的启蒙运动——新文化运动。

1919 年，“五四”运动爆发，随后，南开大学成立。南开大学，从一诞生起，就注定是一个“思想者”！“五四”运动兴起之时，各种新思想、新文化在中国风起云涌，所以说，南开大学本身就是“新思想”的产儿！

1978 年到 1982 年的南开园升腾着火，许多事都容易“热”起来，一场排球赛也会让南开园里的人热血沸腾。那些年，中国女排以郎平为主攻手，表现出不服输、不怕输的顽强拼搏精神，从国际上实力排位十名以外，一个对手一个对手地较量，一个阶梯一个阶梯地攀登，中国女排的每一场比赛都牵动着南开园里青年学生的心。同学们不是把排球赛当作体育运动来看待，而是当作体现中国国家形象和在国际上的地位来认识，只要有中国女排比赛的电视转播，从下午开始，就有同学在有电视的屋里扔下一个棉坐垫占位子了，到了电视转播时，每把椅子都会挤坐两位同学。大家目不转睛地盯着电视机，全部心情都随着女排比赛而跌宕起伏，屋子里面热气腾腾、人头攒动，一百多双眼睛屏气敛息、全神贯注地紧盯着电视机，而那电视机只是十四英寸的黑白电视！这可能是如今的大学生们体验不到的感受。

1978 年的南开园里掀起了学习和讨论《实践是检验真理的唯一标准》的热潮，这种热潮的标志就是敢于“解放思想”，而敢于解放思想，是要有一定的激情和热情的，要有十足的进取心。北大校园的“三角地”，贴满了对“文革”黑暗的深层次的反思，而在南开园主楼西侧外的报栏里，也时常有一些大学生贴出的对“文革”为什么爆发的思考，文章犀利而又透彻，一张“小字报”前就能涌来十几对观看的眼睛，大家都聚精会神地阅读着那用流畅的钢笔字在油印纸上书写的一篇篇“探索”文章，也有同学现场掏出钢笔，在那些“探索”文章的旁边写下简短、精悍的评语。

这就是 1978 年至 1982 年的大学校园里常常能见到的“热情”现象。这“热情”关注的对象都是国家、社会层面上的事，没有个人之事，更没有关于“钱”这位“孔方兄”的事。

这种特定历史时期的特定现象，我应该特意写明，让南开园的后来者有个明白的了解。

南开园里，虽然没有如北京大学的“大字报”那样掀起思想解放的火焰，但却用实实在在的“声音”发出了思想解放的呐喊。那是1978年12月最后一个周六的下午，在中文系专属的主楼东侧101大阶梯教室里，由中文系1977级的学生诗歌社团“诗魂社”举办了一场以“思想解放之火”为题的诗歌朗诵会。虽然朗诵会的发起者仅仅是一个学生诗歌社团，但中文系1977级的同学们都为这次活动做了积极、充分的准备工作。中午刚吃过午饭，在101大教室的硕大的黑板上，班里擅长美术的同学画上了楼宇、湖泊、春花那样的图案，虽然那是在冬季，黑板上的美术宣传鲜明地传递着春天的气息，特别是“思想解放之火”几个火红的大字显得十分灼热、醒目、顽强！

诗歌朗诵会在下午1点半准时开始，中文系1977级朗诵较好的男生李辉、杨石和女生赵玫、周子燕、孙彦、王宇建等轮番登台，朗诵了臧克家、艾青、流沙河、李瑛等大诗人的诗。在1978年，朗诵一些歌颂爱情的诗歌也算是带有“思想解放之火”的光芒了，因为那时，登台朗诵的男女同学穿的衣服几乎都是蓝色与灰色的，敢穿不同花色的衣服就是一种大胆的革命了！

要知道，就是那个月份，中国共产党召开了具有划时代意义的十一届三中全会，党和国家的工作重心转移到经济建设上来，为人民生活谋福利实实在在地开始了。而在此之前，举国上下动不动说的话就是：“你在代表哪个阶级、哪条路线？”似乎每天生活的柴米酱醋茶不重要，而“阶级、路线”却十分重要，但，“阶级、路线”到底是个什么东西，从来也没有人把它说清楚。每个人都高谈着“阶级与路线”，捍卫着“阶级与路线”，你不这样做，你就成了“阶级敌人”。人们争先恐后地赞扬“皇帝新衣”的伟大、神圣、庄严，目的就是小心翼翼地保护自己，保护自己能够平平安安地活下去。就在那个月份，二十年前不满二十岁就被打成右派的刘绍棠、王蒙、张贤亮等作家又可以发表自己的作品了；就在那个月份，大胆歌颂爱情，难道不是一种“思想解放”吗？

当然，除了朗诵歌颂爱情的诗歌，当天的朗诵会上，也发表了一些由南开大学中文系 1977 级“诗魂社”同学自己创作的诗歌，其中，最燃烧“思想解放之火”的是刘卫国同学创作的政论诗《呼唤科学民主》，其中有多行排比句：“我不满，炸药发明者的后代，不能用核能源为自己点亮一盏读书的明灯；我不满，印刷术发明者的后代，在行使公民选举权时，总是面对统一印刷的候选人名单……”这首长诗，随着岁月的流逝、日月的更迭，已

1992 年南开大学中文系 1977 级、1978 级纪念毕业十周年，作者（右一）伸出右手拇指称赞刘卫国同学（右二）当年写作《呼唤科学民主》一诗的锐利

经消退了“思想解放之火”的烈焰，但是在那时，创作这样的诗篇是要有很大的勇气和很高的觉悟的。中文系以外的历史系、经济系、哲学系的同学有人来聆听这次诗歌朗诵会，刘卫国同学这首长诗震撼了南开园里希望思想更解放一点儿的大学生的心。有同学向主持人提出希望认识一下《呼唤科学民主》的作者，也就是那一刻，我才认识了从大教室最后一排起立向大家示意的、穿着老旧军大衣的刘卫国同学。

1976 年天安门“四五”运动时，一位青年在朗诵诗歌《扬眉剑出鞘》

一年十二个月里，有六个月总穿着这件父辈传下来的老旧军大衣的刘卫国同学，后来又怀揣着激进的思想、犀利的见解、透辟的分析加入了南开大学 1979 年进步学生政治社团。一年十二个月里，有十个月从事普及中华优秀传统文化和博大精深的中国文学的教学工作的刘卫国教授，在工作了一生即将退休的六十岁那年，积劳成疾病逝了。“出师未捷身先死，长使英雄泪满襟”，岁月总是给我们留下余音未绝的咏叹调，让我们情不自禁地抚摸那已经翻过去的历史一页。

1978 年，能够勇于“呼唤科学民主”，是需要勇士般的胆量和历史责任感的，因为那时，在中国的政治舞台上还有一种声音在垄断着，就是“凡是毛主席定下的事坚决照办，凡是毛主席说过的话坚决执行”！有些人就是打着毛主席的旗号，在执行着自己的政治方针。在此，我想转述于光远同志2008年出版的《1978：我亲历的那次历史大转折》一书中披露的1978年11月三位老新闻工作者为敏感政治事件平反做大胆推进工作的史实。

转述这个内容是要说明，在1978年，想对“文革”中发生的事拨乱反正，是很不容易的。人们对“紧跟”“拥护”已经习以为常了，只有“紧跟”“拥护”才能明哲保身。直到1978年，这种现象才开始扭转，所以说，1978年是中国当代史上极重要的年份。“实践是检验真理的唯一标准”的讨论在那一年掀起，中国共产党的十一届三中全会在那一年召开，那一年，升腾着火！

1978年，一个充满着搏击、挑战、燃烧、进取、前行的年代，就是那一年，中国有两届大学生进入了大学校园，南开园也不例外。那两届大学生，1977级与1978级大学生经历的历史波涛和人生历练，也是中国社会值得记录的历史片段。四十年后，我写下这些文字，也是希望从那个年代过来的人和没经历过那个年代的人，都静静地回眸一下那段历史。

1978年，南开园里升腾着火，那是那一年南开园的一个侧影。

南开园里盛传的两份文学杂志

1978年，注定是中国教育史上的新纪元。这一年，有两届大学生分别在春季、秋季进入大学校园，因为十年“文革”内乱，大学的师资队伍、教学管理受到摧残，为一年内入校的两届大学生开设课程，成了让当时一些中国大专院校管理者头疼的事。南开大学中文系，在1978年的秋季索性把上了一学期课程的1977级与刚入校的1978级合并在一个大阶梯教室里，共同讲授“中国现代文学史”课，近一百四十名学生同时聆听了鲁迅先生用《狂人日记》发出的对中国封建礼教的“呐喊”和郭沫若先生用生命的火焰冶炼的《凤凰涅槃》，那一刻也铸就了同样想用诗歌和小说表达对外界的感悟与认知的一百四十颗年轻的心的文学梦，学生文学杂志不可避免地要在这一百四十名青年中诞生。

第一份文学杂志是1979年秋在南开园盛传的《这一代》，这本杂志是全国十三所名牌大学中文系学生联合创办的，首期由武汉大学中文系“珞珈山”文学社承办，稿源来自全国。投稿者几乎是当年国内中文系学生中文学创作最优秀的一批：有北京大学中文系的陈建功、黄子平、王小平，吉林大学的王小妮、徐敬亚，中山大学的苏炜、陈平原，武汉大学的王家新、张桦、于可训，等等。南开大学的学生代表是中文系1977级的朱毓朝和1978级的我。遗憾的是，当年南开园同学的投稿，内容较平和、形式较中和、风格较温和，没有被编者选中。这一期全国中文系学生的联合文学刊物，南开园做的贡献主要是发行。

1979 年 12 月初，南开园里的白杨树在冷风中沙沙地唱着恬淡的歌。接到八里台邮局取包裹的通知单，第四节下课，我兴冲冲地赶到八里台邮局，邮局工作人员看了一下包裹单，问：“你怎么来的？”我答：“走着来的。”工作人员说：“走着来的？你怎么拿这些邮件？”说着一指靠墙的一大堆邮件。我看到几十个牛皮纸包的邮件，每件都赫然写着“南开大学中文系周婴戈收”落款“武汉大学中文系”。我顿时明白了，这就是十三所院校中文系学生联合创办的文学刊物《这一代》。我马上对工作人员说：“等一等，我马上再来。”

我一路小跑到学三食堂，向热心的师傅借了一辆平板三轮车，叫上同班同学崔济哲、余晓勇，赶到八里台邮局取回了那几十件沉甸甸的包裹。这些沉甸甸的文学杂志存放在朱毓朝同学住的寝室里，同室的窦玉沛、邓建永等同学也踊跃来帮忙。虽然，南开园同学的稿件在这期中没有被选用，但南开园同学对这份文学杂志所付出的努力是不遗余力、毫不保留的。

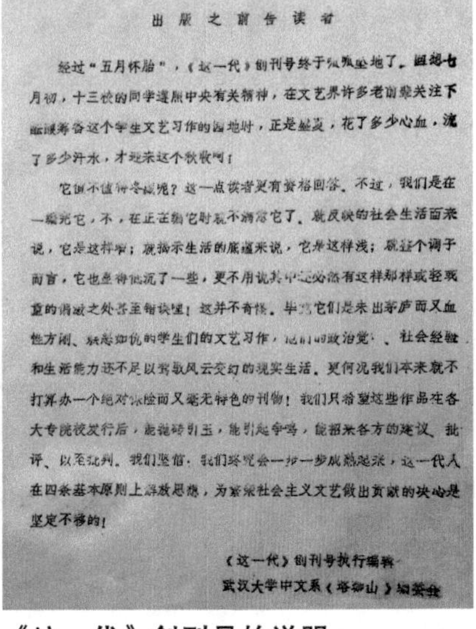
出版之前告读者

经过“五月怀胎”，《这一代》创刊号终于呱呱坠地了。回想七月初，十三校的同学遵照中央有关精神，在文艺界许多老前辈关注下酝酿筹备这个学生文艺习作的园地时，正是盛夏，花了多少心血，流了多少汗水，才迎来这个秋收啊！

它值不值得[illegible]？这一点读者更有资格回答。不过，我们是在一编完它，不，在正在编它时就不满意它了。就反映的社会生活面来说，它是这样窄；就揭示生活的底蕴来说，它是这样浅；就这个调子而言，它也显得低沉了一些，更不用说其中还必然有这样那样或轻或重的偏激之处甚至错误哩！这并不奇怪。毕竟它们是未出茅庐而又血性方刚、疾恶如仇的学生们的文艺习作，他们的政治觉悟、社会经验和生活能力还不足以驾驭风云变幻的现实生活。更何况我们本来就不打算办一个绝对保险而又毫无特色的刊物！我们只希望这些作品在各大专院校发行后，能抛砖引玉，能引起争鸣，能招来各方的建议、批评、以至批判。我们坚信，我们终究会一步一步成熟起来，这一代人在四条基本原则上解放思想，为繁荣社会主义文艺做出贡献的决心是坚定不移的！

《这一代》创刊号执行编辑
武汉大学中文系《珞珈山》编委会

《这一代》创刊号的说明

关于南开园的同学对这本杂志所做的推广工作，这里也有几个小小的故事。首先，朱毓朝和我打开一个包裹，看到的是单色印刷的封面，上面有殷红色的三个工整的美术字“这一代”，出版者附了一则简短的说明：“本刊由武汉大学中文系学生自行编稿、校对，自筹资金选择适中的印刷厂、装订厂，其间同学们付出的辛劳十分巨大；但时间紧迫，本来套色的封面印刷不得不改成单色，长篇的翻译剧本《犬神家族》不得不舍弃，一份不完整的学生刊物问世正反映了‘她’诞生的艰难曲折！”简约的文字，拨动了我们的心弦，我们决定为这本学生文学刊物做些实际工作。这册文学杂志的定价是 0.45 元，因为“她”不是完整本，朱毓朝和我就决定按 0.30 元发行，每册 0.15 元的差额，由我俩自行弥补，并且分工朱毓朝在南开的学三食堂和天津医学院（今天津医科大学）发行，我到南开的学二食堂和天津大学发行。

1979 年的学三食堂是南开园里的大食堂，经济系、哲学系、中文系、物理系的同学都在这里用餐。《这一代》杂志在天津市的发行，南开的学三食堂是主战场。

我在天津大学发行《这一代》杂志，逼出了一场激昂慷慨的演说。一天下午，叫上同班的周宇红同学，我俩穿过当时的“天大南大友谊路”，来到天津大学邮局前的空地，大声吆喝起来：“第一本全国大学生联合自办的文学刊物，用青年人自己的眼光看待社会、描写社会、评价社会！大胆而又真实咧！”这大胆的喊叫，真有些效果，天津大学的同学素有关心时政的传统，过路的同学纷纷购买。正当我们像一个称职的报童一边收钱，一边分发杂志的时候，人群的外围有一位高个子的青年说话了：“《这一代》杂志，我听说了，说是中央刚定为反动刊物，咱

周宇红（右）与作者

们别买这刊物，别给自己惹事。”他虽然是说给自己的同伴听，但他的一番话，确实让一些准备购买的同学犹豫了。这时候，我被激发出一股为杂志辩护的勇气，提高了嗓门说：“你也是年轻人，不必说什么‘惹事’的话，这就是全国中文系大学生自办的文学刊物，发表的就是小说和诗歌，都是我们中文系同学自己写的！如果要坐牢，也是我去坐牢，你不必说这些没骨气的话！”可能是我的这番话，让天津大学的同学感到了邻近的南开大学同学的勇气与骨气了，犹豫的同学们从我们手中购买了杂志，那高个子的青年灰溜溜地走了。

转天，我再去天津大学发行《这一代》，就叫上了同班吹笛子很好的田炳扬同学，两人出色地完成了当天下午的发行工作。

《这一代》杂志在南开园发行后的两天，已经有同学主动到中文系男生住的“老一宿舍”楼来买了。最踊跃的是哲学系的，购买者大多是1977级、1978级的同学。进入21世纪，这本《这一代》已经类似文物一样在大学校园里珍贵起来了。

《这一代》，就这样在南开园盛传开来了。但是不久，南开大学党委就接到了上级有关领导部门的指示，追查《这一代》文学杂志在南开园出现的前因后果，南开大学党委委托了校团委全权负责“追查”的工作。1979年秋，时任南开大学团委书记的赵耀民老师和团委干事张生理老师找到了中文系，也找到了1977级的朱毓朝同学。在校团委办公室与朱毓朝同学谈话的除了赵书记、张老师，

田炳扬（左）与作者

还有天津市公安局的两位穿便衣的警察。由此可知，《这一代》已经不是一份普通的文学杂志了。北京中央的某一层面会议上，有首长把这份文学杂志推定为“自由化倾向的刊物”。朱毓朝同学的态度是知道什么就说什么：这本文学杂志，南开大学《南开园》文学社团没有参与组稿与定稿，只是履行了发行工作，并且原本杂志 0.45 元，我们按 0.30 元发售的，销售很快，所有杂志已经告罄，我们学生还赔进去几十元钱，事情就是这样。公安局的警察还让张干事陪着到朱毓朝住的宿舍看了一遍，然后就走了。

天津市公安局的警察有他的工作任务，又屡次到南开园来，多次在校团委办公室找朱毓朝同学谈话，让他说出更多的《这一代》文学杂志在南开园里的事情。每一次，朱毓朝同学到校团委谈话后，他都把约谈的情况向我简单介绍。在被约谈的频率越来越高的时候，朱毓朝同学对我说：“我能一个人顶住，我一定不说出有你，但逼得我要交代有什么组织形式，我就不得不把你供出去，我先给你打个招呼。”说这番话时，朱毓朝同学很无奈。我默默地拍拍朱毓朝的肩膀，很真诚地说：“哥们儿，你真的一定先顶住，我自己倒不怕什么，我是怕无端地给我父亲找麻烦。”两位中文系的学生说这番话时，南开园里的白杨树已经落光了树叶，只有光秃秃的树枝在寒风中摇摆，投下零乱与萧瑟的枝影。

春天，是充满生机开始耕耘的季节。1980 年的春天，南开园里的柳树比往年更早地抽出了新绿。中文系各班的习作园地已换了几次新的面貌，年轻的大学生用他们青春的眼光和活泼的文笔在抒写着改革开放的春天。这个春天，由中文系团总支提议出一份学生文学杂志，汇总中文系各年级、各班的学生习作，就利用原有的学生文学杂志《南开园》。我记得很清楚，在一个春意盎然的中午，同学们吃过中饭午睡时，在系团总支工作的 1977 级的同学特意找到我，我们在“老一宿舍”楼南门前的双杠下，就《南开园》杂志的出版谈了很具体的事宜。他说：“系团总支已经向校团委汇报了这一设想，两级团组织可以在刻蜡版、油印的经费和纸张上给予具体的帮助，现在关键是发动同学们投稿，稿子征集上来就可选编了，1978级的宣传与发动工作就由你周婴戈负责。”

不久，《南开园》编委会开了一次碰头会，参加会议的大致有1977级的朱毓朝、赵玫，1978级的林楠和我，1979级的刘方炜、才华，大家商定了在那周周末的晚间召开一次面对面的动员会。当时，中国实行的是周末单休制，在那个周六的晚饭后，南开主楼东一层中文系资料室里涌进了三四十位青年学生，这是《南开园》邀请来的文学创作爱好者，这也是南开大学中文系1977级、1978级、1979级三届在校学生第一次聚集一堂、共商文学创作的见面会。会上，朱毓朝、赵玫、林楠做了十分精彩的动员发言，希望中文系的同学们解放思想、大胆创新，不拘形式、不拘内容，写出新一代大学生有自己特色的文学作品。朱毓朝同学还特意讲道：“全国十三所大学中文系学生联合创办的《这一代》文学杂志没有选上我们南开大学同学的投稿，说明我们与全国大学生目前的创作水平有了差距，这一次我们出版自己的《南开园》，请同学们一定拿出热情，挖掘潜力，大胆创新，发奋创作。”朱毓朝的这番话刺激了在座同学的创作欲望，大家都暗暗地以《这一代》杂志为目标，决心把《南开园》办成南开园里的《这一代》。

创作动员会开过之后，同学们都纷纷行动起来，南开大学中文系的在校生真正迎来了创作的春天。不到一个月，《南开园》收到许多投稿，朱毓朝、赵玫、林楠等同学成了编辑，确定栏目、选定稿件、审稿编排、版式设计，忙并快乐着。1980年，电脑还没普及，没有“word”，没有方正排版软件，一切都是同学们手工操作，工作的忙碌繁重，是可想而知的。那时的我担任了一个编务人员的角色，到校团委领取纸张，落实《南开园》的封面美术设计。我把封面设计这项工作委托给了1977级的小画家庄健民同学。我还找到会刻蜡版的同学，把刻写《南开园》的工作纳入中文系教学工作的刻写讲义的大流程中，统一报酬、加快进度，力争一个月让《南开园》面世。

《南开园》杂志的封面设计，不是一蹴而就的，小画家庄健民同学接受了《南开园》编辑部的委托，冥思苦想，精心构思，他要设计出最能表现 1977 级与 1978 级大学生形象的封面。在那些天里，我只要碰到庄健民同学就催问《南开园》杂志的封面设计的事。庄健民同学回答我的往往是甜甜的微笑。一天两天过去了，庄健民同学还在构想着，我也就还在等待着。一天中午，我正在午睡，忽然有人轻轻地拍拍我，睁眼一看，是庄健民。庄健民同学招招手，我一下子坐起来，随着庄健民走到宿舍外的新开湖边。庄健民同学拿出一幅画，仍然是笑眯眯地看着我。庄健民拿出的是一幅版画，画的背景是象征着 1977 级、1978 级大学生青春和中国高等院校“新春”的草绿色；草绿色中的远景是南开园主教学楼在夕阳下的墨色逆光的剪影，草绿色中的近景是一位把手握成拳头，托着下巴深深沉思的青年大学生的顺光侧影。一个南开园主教学楼，一个惯于思考的大学生，用在《南开园》文学杂志的封面上是再恰当不过的了！我看到庄健民同学设计的杂志封面，伸出了大拇指，不断地说：“好！好！好！”我紧紧地握着庄健民的手，连声说：“谢谢，谢谢！”

《南开园》杂志封面

感谢的话，来不及多说了。在中文系同学们的努力下，南开园里的第二份文学杂志《南开园》终于在1980年的6月有了明显的“产前预兆”，这“预兆”发生在“老一宿舍”楼后的空地上。

因为《南开园》的封面是油印的，美术编辑庄健民设计了一副绿色与黑色的两色套印，油印面积比内文刻字要大得多，油印滚子推重了，封面就“油厚而糊”，一张封面将作废。所以印封面，同学们也是做了多次尝试，我深知这些纸张来之不易，浪费一张封面，我会非常心疼，有时还会因此发牢骚。印好一张合格的《南开园》封面，真显得弥足珍贵。但封面画幅大，油墨多，不易干燥，这又成了一个问题。为了解决这个问题，我就找来许多绳子，拴在“老一宿舍”的楼后，把印好的《南开园》封面一一搭在绳子上，于是在“老一宿舍”的楼后就呈现了一道特别的景观——满是随风飘扬的黑绿相间的《南开园》封面。这场面，无形中给还没问世的《南开园》杂志做了一个宣传，但是，春风劲吹，许多封面有被“东风”没收之虞，赵玫同学就搬了一个矮凳，一边读英语一边看守这些封面，后来，赵玫同学走上了专业作家之路，这缘分恐怕就是从看守《南开园》封面开始的。总而言之，《南开园》在春风里做足了她“呱呱坠地”的一切预告，虽然她幼小，虽然她单薄，但南开园毕竟需要《南开园》!

用力按下订书器，抚平封面，《南开园》诞生了！捧着满是油墨味道、字体大小不一、字迹深浅不同的《南开园》，几位大学生兴奋不已。像大多数正式出版的文学杂志一样，小说被排在刊物的前面，一共有七篇。四十年过去了，至今读来，《南开园》的小说能与《这一代》相媲美的正是首篇《酒友》。《酒友》的作者是1977级的老大哥董浩然，当年他已经有三十三岁了，他以自己丰富的阅历写了这篇厚重的以酒识人、识己的小说，这篇小说就像陈年老酒一样历久弥香。诗歌栏目，几乎被1977级“诗魂社”成员的诗歌占据了半壁江山，所刊诗歌咏物抒情，精悍隽永，可见当年的编委们慧眼识珠。文学评论专栏中，应该一提的是 1978

级崔济哲、张卫合写的《深度、广度、强度——评中篇小说〈啊……〉》。崔济哲走出南开园后，成为新华通讯社著名的记者，同时发表和出版了许多散文作品，也成为中国作家协会会员，三十年后他看到自己当学生时发表的文学评论，禁不住大呼一声："啊……"！

"啊……"崔济哲激动地说："我还评论过《啊……》，我自己都忘了。"但《南开园》记得！真是青春永驻《南开园》，留住韶华的《南开园》！南开园，一代人梦的起点，一代人梦的归宿！

装订好的《南开园》又都集中在我的手上，我按照《这一代》的通讯录，把这份《南开园》寄往了全国许多院校。同时，朱毓朝与我两人又商量了，可以按两角钱发行出去；这发行工作主要是我在南开园的"学一食堂"完成的。1980年春夏之交，学三食堂修整，学一食堂成为经济系、中文系、哲学系、外文系、化学系、物理系众多学生的就餐地，当时一顿中饭或晚饭的费用也就是两角钱。

有的时候，我把食堂两张饭桌拼起来，摆上十几本《南开园》。一模一样的绿与黑相间的封面，在透过窗户射进来的春光下显得格外有朝气。

《南开园》告罄了，许多一角钱、两角钱的钞票保存在我的一个小木箱里。1981年的秋天，这时已经是1977级同学的毕业学期，想考研究生的同学在拼命地读英语，更多的同学在憧憬着走上专业对口的工作岗位。9月初秋一个明媚的上午，趁着大课间，我召集了1977级的朱毓朝、赵玫，1978级的林楠，1979级的刘方炜、才华，六位中文系的学生在主楼中门西北侧的空地上站着开了一个简短的会。

我说："我们《南开园》在近两年办了两件大事，一个是帮助发售《这一代》，一个是出版了我们自己的文学刊物《南开园》。现在我们征求1979级同学的意见，你们打算继续出版《南开园》

杂志吗？”1979级的刘方炜、才华两位同学沉思了一会儿，都表示1979级班集体没有继续出版《南开园》的想法。至此，关于南开园里盛传的两份文学杂志的记述也就基本结束了。至今，六位风华正茂的中文系学生立在南开园主楼下面的影像还会在南开园的“时光隧道”中频频闪现。

南开园里尝“美食”

南开园里有过许多专注做学问、搞学术的大师，他们在学术上的成就与贡献，那是写也写不完、道也道不尽的；但除了做学问，南开园里还有许多“玩家”，学问做得出色，“玩”得也很有水平，这里略举一二。

中文系的孟昭连教授著有《中国小说学通论》（合著）、《中国小说艺术史》（合著）、《白话小说生成史》等作品，修史之隙，还完成了《蟋蟀文化大典》《中国虫文化》《中国葫芦器与鸣虫》等大作，这些著作更是在中国文化长河的支流中填补空白的里程碑式的大手笔。

历史系的刘泽华教授在中国古代政治思想史研究领域可谓著作等身，在其著作《中国的王权主义——传统社会与思想特点考察》中，颇为系统地阐明了他对儒家政治哲学的看法。刘泽华教授认为，中国传统社会的最大特点是“王权支配社会”，因此，他用“王权主义”来概括中国古代社会的控制和运行机制。另外，刘泽华教授还著有《中国政治思想史集》三卷本的鸿篇巨制，为浙江人民出版社1996年的重要年度出版物，在国内发行后，还被译成韩文在韩国出版。这样一位极其重视“思想”，极其严肃的学者，却是一位爱“钱”如命的“钱串子”。当然，刘泽华教授攒起来的“钱”可不是纸印的十元、一百元人民币，更不是印着林肯头像的美金或是鲁迅作品中提到的“卢布”，刘泽华教授喜爱的“钱”是中国古代历朝流通的“古钱币”。据说，刘泽华教授的“钱柜”里收藏着先秦刀币中的精品“齐明刀”，还有中国第一枚“年号钱”大唐“乾封泉宝”，等等。总之，刘泽华教授爱“钱”、玩钱，是玩成了专家、行家、大方之家的！

除了这些独特的业余爱好，南开园师生更多的还是擅长琴棋书画、诗词歌赋。历史系的来新夏教授又是特殊一例。

来新夏教授是我的老师，也是我的同乡。来先生 2012 年 2 月 28 日在天津《今晚报》发表了《吃“折箩”》一文，我心想，“折箩”也可以登在报纸上？于是，我把那篇文章好好看了一遍。果真，从这篇文章中可看出来先生独特的精神品格。

来教授给我们讲清了“折箩”为什么受天津人欢迎。因为天津人的宴席上有吃八大碗的习俗，天津菜的八大碗像天津人一样，实实在在，盘大量足，“一般难吃到盆干碗净，宴会结束后，有大量剩菜，伙计收拾桌面，把剩菜倒入箩筐”，称为“折箩”。来教授绘声绘色地写到他在中学期间常到劝业场附近的“折箩”摊吃“折箩”，与他坐在一起的“大多是三轮车夫、挑担走街的小商贩和中学生”，来先生“三年高中，一直光顾这家‘折箩’摊，直到去北平辅仁大学求学为止”。

来教授的学问是响当当的，他国学功底深厚，在南开大学给学生们讲授的中国古典目录学和中国历史文选课程深受学生欢迎，他还开创了图书馆专业。来教授德高望重，他担任过南开大学图书馆馆长，学富五车，桃李满天下。名满天下的来新夏教授不瞒避自己早年常吃“折箩”，来新夏教授做人实在！在来教授的书房里有一张他穿着笔挺的西装在美国耶鲁大学演讲的照片，来教授是登过大场面、见过大世面的人。在我到来教授家做客时，来教授送了我一册岳麓书社出版的来新夏教授的祖父来裕恂所撰

《萧山来氏中国文学史稿》，全书十三万字，从“黄帝之学术，尧舜之学术”论起，博大精深，该书在中国学术史上有一席之地，来新夏教授就出身于这书香门第。这样一位见过大世面、出身名门的来新夏教授对“折箩”却惜之爱之、情有独钟，刊文以“不禁略陈愚者一得，不知可得共鸣乎？”我是举双臂而大呼“共鸣”兮。

其实，来教授做什么事情都很认真，也很出色；吃酒席、尝美食，来教授可是行家里手。有一次，我从家乡杭州回到天津，给来教授带了两份家乡的特产菜——笋干菜焐肉，一份是我家里自己做的，另一份是“楼外楼”饭店的真空包装的。不久，来教授打来电话说，你们周家自己做的干菜焐肉，笋丝放得多，菜好吃；“楼外楼”的肉焐得到位，肉很香。同样一种菜，两个厨师做，来先生能吃出不同的口味和特点，你说，来新夏教授是仅仅吃“折箩”的主儿吗？

对于来教授品菜尝美食之在行，我还有一次深切的体验。2008年，北京举办奥运会前夕，中国各个城市的迎奥运的文化宣传活动很丰富，天津博物馆举办了敦煌文化展，我邀请了来新夏、宁宗一、鲁德才、刘家鸣四位教授和几位要好的同学去看展览，而后，我们到附近饭店吃了一顿便饭。席间，宁宗一教授从饭桌上的烧鹅掌说到了《红楼梦》，又从金陵十二钗讲到《金瓶梅》的人物，宁教授是口吐玉珠、滔滔不绝，听得我们这些当学生的都五体投地。来新夏教授却能够在众人谈天说地之间，品尝出桌上的“杭椒牛柳”杭椒炒得稍过了，并说杭椒应该脆而鲜，有些微辣。来教授对菜肴的几句品评，足可说明他是地道的美食家了，而来新夏教授在报纸上撰文对“折箩”不回避地进行赞赏，更显出其高风亮节。

一次吃“打包”，我也真真吃出了美味。那次我的一位师妹

2008年，参观天津博物馆。左四为来新夏先生

请客吃饭，点了极具我家乡口味的“糯米藕”“明炉菜心豆腐包”和“啤酒青鳝丝”。席间，酒逢知己，我谈兴甚浓，从郭沫若谈到郁达夫，从王维的田园诗聊到他的散文《山中与裴秀才迪书》，同学一再劝我吃菜，我是又吃又聊，与那次宁宗一先生一样，宴席上的菜的味道没尝在嘴里。聊到酒店该打烊的时候了，师妹说：“婴戈常写作，忙不及做饭，把菜打包带走吧。”转天，我在家里吃“打包”，我才品尝出师妹为我点的“啤酒青鳝丝”确实美妙，那份菜，其中有一些洋葱也切成鳝丝一样的“美形”，洋葱的辛甜抵消了鳝鱼的土腥，厨师放了一点点糖，鳝丝和洋葱的本味就向香甜的美味推进了一大步。在家里吃“打包”，我才尝出大厨的手艺，也品味出师妹的一片冰心。

再品味来新夏教授的《吃“折箩”》，我确实感到那是一篇美文，或称是一席“美食”。

来新夏教授的《吃“折箩”》一文，在“如果真有‘折箩’摊开设，我还想当常客”中结尾了，那么，跟着来新夏教授吃“折箩”的一定是我，或许还有许多南开园里的人。这“人间文章”远远还没有结尾，他或她，还有他们，都在南开园里写着来新夏教授没有来得及写完的那些文章。

南开园里成大器

南开前辈校友梅贻琦先生执掌清华大学时，说了一句在中国教育界振聋发聩、经久不衰的经典之语："所谓大学者，非谓有大楼之谓也，有大师之谓也。""楼"为物质，是基本条件，但，"师"为人才，是先决条件，是决定条件；大学的标志，就是看其有什么样的人才，有多大分量的人才！可见，在南开学校、在南开园，传统上就有对人才的重视、对人才的培养、对人才的尊重。

我在南开园里上学，感触最深的也正是南开园里人才济济。大化学家杨石先在实验室里研发了"螟蛉畏"，除草剂"燕麦敌"等人类的"武器"，让大自然里肆意猖獗、目中无人的害虫们"低首伏法"、听从人愿。1955 年刚三十岁的中文系教授许政扬先生就担当起人民文学出版社要求精选精注《古今小说》(即小说《喻世明言》)的极繁重、极繁难的校对与注释工作。许先生广求善本、考订源流、精心校勘、匡正谬误，至今这本《古今小说》的校对、注释水平也是《喻世明言》各版本中的"善本"，而当时许政扬先生刚为而立之人。

每每走到杨石先校长那汉白玉的雕像前，或捧着多次再版的人民文学出版社出版的许先生校注的《古今小说》，我都会肃然起敬、顶礼膜拜，我敬佩的、我敬畏的、我敬仰的就是人才！

人才须敬仰，而这种敬仰或仰视，在现实生活中却又往往是从“俯视”而来的，我一直敬仰的一位南开园里的学兄，或者说是同窗，是实实在在由“俯视”而来。

1978 年的 10 月，华夏大地，天高云淡，金风送爽，本是“清风卷地收残暑，素月流天扫积阴”的秋季，但神州处处总还洋溢着“等闲识得东风面，万紫千红总是春”的气息。天高云淡，天翻地覆，一切大变革前的躁动，都在 1978 年 10 月的中国上空表现出来，这种症候正来自如“春江水暖鸭先知”的 1978 年 5 月《光明日报》发表的《实践是检验真理的唯一标准》的那篇檄文。

南开园里的学三食堂，也就在那时候一下子变得人头攒动、熙熙攘攘，天南地北的求知的青年们挤满了这个普普通通的学生食堂。其中一部分同学是参加了三个月以前恢复高考后第一次全国统一高考而被录取到南开园的新生，他们与这一年 2 月入校的恢复高考后首批 1977 级同学构成了一代特殊的大学生。这批青年人正是《实践是检验真理的唯一标准》的那篇文章最忠实的读者。

我就是在那人声嘈杂中，作为新生懵懵懂懂、木木呆呆地走进学三食堂的。

正当我不知怎样打饭的时候，一个声音给我送来了温暖：“同学，你没有饭票吗？用我的。”声音很亲切，但又很坚定，透着一定要帮助你的真诚。我顺着声音看去，是一位个子很矮的男生，他友善地看着我，一脸诚意。我马上弯腰点头，向他致意，说：“谢谢、谢谢，我是新生，第一次到这里吃饭，不知道怎样用饭票。”“你要是不熟悉，就跟在我后边，同学一下子多起来了，打饭变得不方便了。”他还是那样要真心地帮助我，我也就跟在他的后面，模仿他的做法买了一份饭菜。

1978 年，南开园里的学生食堂，没有座位，只有几张饭桌，能挤到饭桌旁，把自己的饭菜放到桌子上食用，已经是极大地享受了；如果饭桌没有空余，那你就只能端着饭盆站着吃了，那时很多同学都是把饭与菜盛在一个饭盆里的。

1978 年，南开园里学生食堂的吃饭场景常常是三五成群围成一个松散的圆圈，一边吃饭，一边发表着自己的见解，很有些像在巴黎米歇尔公爵家的鸡尾酒宴上，那些风度翩翩的上流绅士们围在一起兴致勃勃地谈论刚刚上演的歌剧《波尔多的红酒》一样。所不同的是发出当当的声音，不是透明的高脚玻璃酒杯轻叩而出的，而是不锈钢饭勺碰搪瓷饭盆发出的。人们谈论的不是《波尔多的红酒》，也不是《维也纳的森林》，而是买布的布票取消了，而粮票不知什么时候能取消，粮票在那时是可以换鸡蛋的啊。

我和矮个子的同学在窗户下很从容地面对面地站下了，他手里虽然没有高脚杯，但也很绅士地问了我一句："What is your name？" "My…My name is Zhou Yingge."我很生硬地回答，两人会心一笑。他看我英语这么磕磕巴巴的，就改口说："我是经济系 77 级的杜岩，岩石的岩。"杜岩的自我介绍很是地道，使我一下子记住了他的名字和班级。杜岩是我在南开园里结识的第一位其他科系的校友，我们同是 1978 年的入校生，说是同窗，也还是可以的，但到后来，我再说与杜岩是同窗，就实实在在太高攀人家了。杜岩兄的胆识、才华、智慧，是很值得一赞的。

杜岩，很容易让别人认识他、记住他，是因为杜岩个子很矮。如果是随口而说，不精确，凑个整数来说，杜岩兄的身高也就一米六。反正，在男同志中，是属于矮小的。在南开园的学习生活中，也证明杜岩确是人"小"能办出大事，个儿矮但气魄大、主意多、办法妙。

杜岩兄个子矮，与他在学生食堂见面谈话，可以说是"俯视"，但你要真正看清、认识杜岩兄的话，你就自然而然地要"仰视"了，我自己就是经历了这么一个体验过程。

我与杜岩兄见面，总在新开湖北面的图书馆（21 世纪以后被称为老图书馆，20 世纪的南开园里只有那一座图书馆），因为杜岩是一个很爱读书学习的学生，在图书馆里很容易碰到，而操场上很难看到他小巧的身影。与杜岩见面最多的地点当然还是在学三食堂。我这个人，笨且庸，对诸事往往不求上进，唯有对吃饭抱有极大的热情，并不是我嘴馋，我对肥甘厚味没有要求，只要求能吃饱，因为在1960年开始的三年困难时期中，把我给饿怕了！

1960年，我七岁，是上小学一年级的年龄，家里买不起帆布书包，妈妈就用旧布给我缝了一个四四方方的提包，又在外侧缀上了一个红五角星作为标志。给我印象深刻的还不是这个旧布缝制的书包，而是这个旧布书包放进去的新课本。后来听说，上级教育部门想以1960年小学一年级的学生做小学五年制的试验，所以，我们的课本特别厚，课本厚不是给我留下深刻记忆的原因，我挥之不去的是那课本特别黑！印制课本的纸张是灰黑色的，近乎一个顽皮男孩子脚下球鞋的鞋底颜色。现在推想，那课本确实是为小学五年制而新编的，印制的时间就在1960年的上半年，当时，国家仓库里已经找不到纸浆质量好的白一些的纸张了。灰黑色的纸张，说明国家的粮食和农副产品确实匮乏极了，只能使用低廉的、劣质的纸浆来制造纸张，一年级小学生的课本竟是这样低劣的纸张印刷的，黑灰色纸的教科书确确实实伤害孩子们的眼睛，国家也顾不上了。可想，我们每个人的成长历程都有时代的影子和历史的痕迹。

人，都是时代和时间的“人”，看一个人，评论一群人，永远不能脱离那时的时代和时间！

我与1960年上小学一年级的同龄人一样，从七岁到九岁的日子里，最大的奢望恐怕就是能吃上一顿饱饭。那三年的日子里，“饥肠响如鼓”是最平常的事情，红薯伴着“清可数”的几颗米粒熬成的粥，玉米面包着白菜帮子的菜团子是我们最平常的饭。最高指示也谆谆教导我们：“半稀半干，糠菜半年粮。”所以，我们在那段时间里，半是祖国的花朵，半是瘦弱、饥黄的豆芽菜。

在南开园学三食堂，与杜岩一起吃饭的时候，我也就一边嚼着嘴里的饭，一边说着七岁到九岁挨饿的事情，而且吃得特别狼吞虎咽，生怕再回到那挨饿的年代里。杜岩则一边吃饭听我诉说着这些，一边不时用饭勺敲响搪瓷饭盆，发表他的看法。杜岩与我同岁，1960 年，他也是七岁，对挨饿的日子，他与我一样记忆犹新，而且比我更加刻骨铭心。杜岩说，本来他是应该长得高一些的，但刚刚七岁，上小学一年级，正是长身体需要吃饱饭的时候，饥饿像枷锁一样裹挟着他，可以说饿得眼冒金花，但看到邻居有老年人饿得腿浮肿，杜岩总是心疼得把自己的窝窝头省下一小块，送给老人吃，还对老人说，自己长得小，胃口也小。就这样，饿得肚皮咕咕叫，自己也就真的没长高。现在，杜岩回想起那些挨饿的老年人，心里还一阵阵如刀割一样痛。

杜岩兄的善良，我是与他在学生食堂里一次次的谈话中，切身感受到的。

杜岩兄的严谨，我也是与他在学生食堂里一次次的谈话中，切身体会到的。

我总是按报纸上所说，认为 1960 年开始的三年挨饿，是自然灾害，在与杜岩的交谈中，我一直秉持这样的论断。但杜岩有一次，对我阐发他自己对三年困难时期的认识，真使我大跌眼镜！

杜岩掰着手指对我说："把三年挨饿，归咎于'自然灾害'，是很笼统、很模糊、很抽象的论点。我上了咱们南开的经济系，我也才明白，论点必须有严谨的论据和科学的论证做依托，否则就是谬论！"杜岩很庄重地停顿了一下又说："如果说是'三年自然灾害'，那么很容易公布其具体的数字，是旱灾、水灾，还是虫灾导致的粮食大幅减产，老百姓才吃不够粮食。灾害的范围，是一个省，还是若干省；灾害的程度是可以用科学标准来测定、来表示的。"说到这儿，杜岩很是动感情，用不锈钢勺重重地敲了两下饭盆，饭盆发出当当的响声，好像在提醒人们，这里正在讨论一个重大的议题。杜岩兄接着说："科学，就是要以数据来表现，来说明！九显然比三大，比三多，这是普通人都好理解、好信服的。经济结论，就是要重调查、重数据、重统计！所以说，三年老百姓挨饿，归之于‘自然灾害’这结论是站不住脚的！”说这些话时，杜岩非常严肃，好像在国际经济年会上发表重要的演讲。杜岩兄的那神态，我记得特别清楚，也就特别理解十几年之后，杜岩从南开园里走出去，执掌中国市场统计调查研究所的必然性了。

当然，谁也不会想到，后来在中国市场界、经济界大名鼎鼎的“中市调”的所长，当年竟会在南开园的学生食堂的角落里，立下了宏愿大志。这个初衷，恐怕只有作为校友、好朋友的我，最心知肚明了。

在杜岩与我谈了“三年挨饿不是‘自然灾害’”的不久后一天，我们两位好朋友又在学三食堂一起吃饭。这次，是杜岩兄主动来找我，他说：“婴戈，你是中文系的同学，你帮我写一篇很有文采、鼓动性强、铿锵有力的期刊发刊词吧！”我问：“什么期刊，怕不是《新青年》或《新南开》吧？”我有意活跃着气氛。“不是。”杜岩还是很严肃地说，“是一份经济专业的学生学术报纸，我们把它叫作《经济初学》。办这个报纸，多少也是受咱俩谈起三年自然灾害挨饿那个话题的启发。我越来越感到，经济学的结论，必须站在科学的统计和严谨的数据之上，不能凭印象、靠想当然就对一个经济现象下结论。搞经济学，一定要有严格的、很基础的训练，从最简单的、最原始的统计入手，所以，我们办了一个《经济初学》的报纸，旨在号召同学们从经济学最基本的方法入手来掌握经济学，交流学习经济学的体会。”

听了杜岩兄的这番话，我很感谢杜岩，感谢他看得起我，特别是杜岩兄太抬举我了。我虽是中文系的一年级学生，但文笔差得要命，而且，自己感觉一辈子文笔也不会太好，怎么敢去给经济系才子们的报纸写发刊词呢？但是，杜岩兄一脸真诚地看着我，我也就若有所思地停顿了一下说："我是真不会写鼓动性的文章，要是我拿起笔，我脑子里就会闪现这样的文句：一个幽灵在徘徊，共产主义的幽灵在欧洲徘徊，旧的欧洲一切势力都为驱除这个幽灵而结成了神圣的同盟。用这样的句子倒显得你这份《经济初学》是横空出世了！"我也是一脸真诚地说着。

我俩沉默了一会儿，倒是杜岩先笑了，接着我也哈哈大笑。《经济初学》，不是什么幽灵，她是一面旗帜，时间越久越证明她是一面在大学生中、在学术界都有号召力的旗帜。从 1978 年创刊到 21 世纪初，四十年的逐步成长，《经济初学》从学生报纸到专业杂志，从油印、铅印的四开报纸到铅印的成册装订，从在南开园里学生之间传阅到正式在中国邮政报刊订阅名录中"榜上有名"。如今，《经济初学》杂志已经成长为中国经济学界赫赫有名的学术刊物了，而杜岩兄正是《经济初学》的创始人和第一任"经济初学社"的社长。

在南开大学图书馆里还保留了 1978 年 10 月创刊的《经济初学》第一期的报纸，您可看到创刊号的第一篇文章就是时任中国国家科委副主任、中国社会科学院副院长、中国著名经济学家于光远先生于 1978 年 10 月 5 日写给《经济初学》的信。报纸的主办者，是南开大学经济系学生会学习部，其中一篇较长的论文是经济系 1977 级的学生李罗力的《关于国家垄断资本主义的几点看法》，李罗力同学在 1980 年考上了中国人民大学经济学专业的硕士研究生。

"经济初学社"的创办成功，使杜岩兄受到了很大鼓舞。他后来又参与创办了赫赫有名的学生政治社团，这是后话，也就以后再说吧。总之，杜岩兄是有胆量、有气魄、有眼光的大学生，这种胆量、胆识与他的身高成反比！

1980 年，杜岩也是有机会从大学二年级的本科生考入硕士研究生的，但这一年的暑假之后，教育部紧急开设了社会学专业，从大学二年级的重点院校的文科类本科生里通过考试选拔了一个班的社会学专业的热爱者。这个“文革”后第一批社会学专业的专业学者班，教育部很信任地放在南开大学哲学系里边了。一时，许多戴着中山大学、武汉大学校徽的其他大学的大二学生来到了南开园。因为是在自己的大学里学习新的学科，杜岩也就积极考取了社会学专业的学习班，成为南开园里第一位既是经济系学生，又是社会学专业学生的“双学位”的大学生。从 1980 年 9 月到 1982 年 1 月，杜岩待在南开大学图书馆的日子更多了，他听了两种专业的课程，撰写了两篇不同专业的毕业论文。

作为 1977 级的大学生，在 1982 年春节之后，他就充实到国家最急需人才的地方和部门去了。杜岩兄走出了南开园，我再也没有在南开园的学三食堂里碰到他，那时，根本没有手机这种工具，人们是通过邮局和电话局才互相有所联系的。我没有机会与杜岩说一声：“再见！”

沧海桑田，星移斗转，四十年过去了，我只是偶然从南开大学经济系的一些同学处听到“杜岩”的名字，也打听不清杜岩兄到底在什么地方的什么部门，我以为杜岩只是我的一位老友、老同学而已。渐渐地，我也就淡忘了“杜岩”这名字了。

就在我几乎想不起来与杜岩兄交往的往事的时候，一直与我保持联系的南开大学中文系 1980 级的十分热情、活跃的崔晶学兄在一次与我通话中说到了“经济系的杜岩”，我对崔晶学兄说：“请代我周婴戈向杜岩学兄致以诚挚的问候，在南开园求学的日子里，我们是好朋友。”

不久，崔晶兄特意打来电话，说杜岩从北京的工作单位已经退休了，他记得你，希望你去北京见见面，小聚一下。

我应邀去了北京，还是热情的崔晶同学安排了聚会，我与杜岩兄见了面。兄弟互相拍拍肩膀，相互问好。

我和杜岩兄说的第一句话就是："杜岩，你后来在社会学专业学习新课程了，你也忙起来了，难得再在学生食堂里与你交谈。但是，我清楚地记得在学校老图书馆一楼的大厅里，看见了你写的特大的隶书毛笔字，作为参加学生书法展的作品，你写的书法作品，我周婴戈至今记得，是四个大字，大器晚成！"

我把"大器晚成"四个字，一字一顿地读出来，是很想映衬四十年以前的青年学生，如今相见，也已然是两鬓斑白的退休老人了。杜岩兄听完我的话，笑了笑，那笑容还是在南开园里当学生时的样子。他说："婴戈兄，好记性！大器晚成的前面，我还写了四个字。"我说："当时，参展的学生书法作品比较多，组织者只能互相搭边，互有遮盖，让更多的作品都展览出来；你写的前面的四个字，可能组织者用其他书法作品遮掩了一下，我没有看到，也就没有印象。"

杜岩又浅浅地笑了笑，说："那四个字也很普通，与'大器晚成'相对的，是'学海无涯'。"

哦，"学海无涯"，写得多好呀！

听崔晶学兄介绍，杜岩兄在退休后的近两年，在北京市专心策划、设计、创办新型文化演出场地——小剧场、小剧团。项目发展十分迅速，成果斐然。崔晶说了这些，已让我对杜岩兄在南开园里当学生时的策划、创新、组织能力，有了回溯四十年的吻合印象，对四十年后的杜岩兄又多了几份敬意。杜岩则直接说："今晚，就请婴戈去现场体验小剧场吧。"

当晚，杜岩兄给我和几位从南开园来北京做客的校友都办理了地处北京东二环黄金地段的一处小剧场的门票，我接过一看，票价二百八十元，价格对天津观众来说是较高的，但演出的轻喜剧《租个"女汉子"回家过年》，从剧本构思、演员多角度演出、剧场气氛、演员与观众的互动来说，这二百八十元真的不贵！

晚上九点多，在我们这些来自南开园的客人被北京小剧场舞台上让人忍俊不禁的表演吸引得目不转睛的时候，杜岩兄从剧场外给我发来手机短信，催我们去赶火车。走出剧场，杜岩兄在街旁等待我们，他说：“如果时间早，是想一同与你们回南开园的，一路也好商谈一些事情，但时间太晚了，送你们到地铁站吧。”

早春二月，北京长安街的夜晚，几分凉意、几分清新。这是一座古老而又时尚的文化城市，唱歌、舞蹈、美术、书法、古建筑、茶道、餐饮……我们刚刚就在新型的只能容纳五十至八十人的小剧场里，兴致勃勃地观赏了活泼、新鲜、入时的轻喜剧。而这“文化比萨饼”的策划者，正是四十年前，在南开园里创办学生学术刊物《经济初学》的“金点子”人物——南开大学经济系1977级的学生杜岩。

退休后的杜岩，衣着朴素，个子似乎更矮了一些，我和他紧紧握手道别。黑暗中，他的眼睛黑亮亮的。我似乎又清晰地看到四十年前，南开园里图书馆一层大厅的四个黑墨的大字“大器晚成”！

真是大器晚成。不但是杜岩，我所知道的还有更多我们南开园里的同学，无论男生，还是女生，都是大器晚成！

当然，我今天又从大器晚成的杜岩兄嘴里，记住了四个字：“学海无涯”！

在南开园里，或者从南开园里走出来的人们，是应该永远记住学海无涯的！同时，也衷心祝愿所有南开园的校友们大器晚成！

南开园对面的邮局

南开园对面，有普通的八里台邮局。又因为八里台邮局坐落在南开大学的东门外，它就成了不普通的邮局。南开园里的人们也对普通的八里台邮局有着十分不普通的记忆。

八里台邮局立于南开园的东门外近百年，邮局的外观也几经变更，只有邮局屋外的那个邮筒，历经岁月变换，始终以墨绿之身屹立于风雨之中。这邮筒几乎见证了对面校园里的师生几十年的命运起伏。寒来暑往，沧海桑田，风雨中屹立的邮筒和那诚善的、辛劳的八里台邮局目睹了太多的悲欢离合、阴晴圆缺。那呆呆的邮筒也似乎有了喜怒哀乐的情绪，因为走近她的人，往往赤诚热情，碧血丹心，抱着“天下兴亡、匹夫有责”的信念。

20 世纪 50 年代，邮筒里经常出现的是俄文邮件，学经济的必走“集体农庄”，学文艺的必称“别林斯基”，一旦出现英文邮件总是羞涩的，看着二十六个字母的排列组合，自己也觉得姓了“资”。到了 20 世纪 50 年代末和 70 年代前期，邮局发往乡下和“干校”的电报、包裹多了起来，包裹多是换季的衣服，包裹单上的附言常常是：“秋凉了，老棉裤拆洗干净寄给你，别让腿疼。你关心的那些书，还躺在书橱里。”而发出的电报最惊心的莫过于：“昨，中文系教授许政扬在宅边溪里溺亡，时年四十一岁。”

我是 1978 年开始熟悉八里台邮局的，因为我俄文、英文全不会，只能读汉语言文学专业学习中文了。我在八里台邮局里第一次看到旁边的老先生把“南开大学”和他的名字写在信封左上方，“U.S.A”写在了右下角，我当时心想，投进邮筒的信，不又寄回对面南开园里面了吗？直到上英语课，我才狠狠嘲笑了自己的无知，也庆幸当时没向老先生讨教，因为左上角主人公的姓名与 1982 年我领到的南开大学毕业证书上校长的签名是一样的——滕维藻，著名经济学家。那时起，八里台邮局的英文邮件与日俱增，也有了自己的位置。正是通过八里台邮局，南开园里的师生们与外界、与海外的学术交流异常频繁，也万分活跃；那个时候，从八里台邮局传递到南开园的来来往往的邮件，可以用车载斗量来形容。

在八里台邮局，我见到一位戴眼镜的瘦小的老先生灵活地骑着自行车，驮来一大堆英文邮件，又抱回一大摞英文书籍，我帮老先生捆书籍，说：“您这么大年岁了，让年轻人来做这些普通的事吧。”老先生乐呵呵地说：“我爱自己做事，我爱跑邮局。”后来，我才知道那老先生是中国科学院院士、大化学家申泮文。与申先生在邮局的相遇，让我产生了一种如“八九点钟的太阳”一样的使命感，催我奋发向上。申先生所说的爱跑邮局，也是 20 世纪 80 年代到 90 年代许多南开人的共识，因为从邮局能获得许多完整的、新颖的文化和学术信息。那段时间是八里台邮局最快乐、最繁忙的时期，从“哈佛”“牛津”寄来的邮件多如牛毛；若有幸还会在邮局见到郑天挺、朱维之、何炳林、胡国定等大师呢。八里台邮局成为南开园的师生们学术信息交流的窗口。

八里台邮局的热闹，也带来了邮局前空地上旧书摊的兴起，那陈旧下面会有许多意想不到的新奇和惊喜。我就在八里台邮局前的旧书摊那里，偶遇我的老师宁宗一先生，那天，宁宗一先生在旧书摊上看到了他梦寐以求的俄国文艺理论家叶尔米洛夫的著作《论契诃夫的戏剧创作》一书。这书，是作家出版社在 20 世纪

50 年代末出版的一册中译本的文艺理论书籍，发行量很小，该书论述了“喜剧情节、悲剧内涵”的悲喜剧融合。宁先生原有的那册，在“文革”中被“革”到不知什么地方了。甭说一册书被“革”没了，就连宁宗一先生本人能活过“文化大革命”的十年浩劫就算万幸了。不曾想，宁先生在八里台邮局前巧遇了这样一册以为再也无缘相遇的书，宁先生一下子就把这本书抓到手里翻看起来，这册旧书中没有任何看过的痕迹。这本发行量极小、读者群也极小、曾经给了自己深刻的美学思想、以为再也买不到的书，竟然在八里台邮局前的空地上获得了，宁先生那天高兴得像个孩子，把那本《论契诃夫的戏剧创作》的书搂在怀里，再也不肯撒手。

中文系的宁宗一老师在八里台邮局获得了“久别重逢”的心爱的书，在中文系当学生的我则从八里台邮局取回过许多“难忘的岁月”……

在南开园里当学生，因我是本市生，与邮局本无缘，但我看到外地同学每一次从邮局回来，既带回邮件又带回喜悦，心里着实有些嫉妒。每一次从学校东门出入，我都要多看几眼八里台邮局，好像那墨绿色的邮筒能飞出让我心跳的情书。

人生如戏，就在我盼望着八里台邮局的邮筒能飞出让我激动的邮件时，在“无可奈何花落去，似曾相识燕归来”的季节，我收到来自浙江师范学院（今浙江师范大学）中文系的一封信，更激动人心的是信封上那娟美的女生的字。写信来的女生的母亲与我父亲是新四军战友，那段时间，我父亲在杭州校对他所编订的《郁达夫诗词抄》，遇到这位读中文系的女生，就把我们两位中文系的学生介绍到一起了。我当然倾尽笔墨写了一封滚烫的信，然后兴致勃勃地走到八里台邮局，把那信小心翼翼地投进墨绿色的邮筒里。而后，我就经常到八里台邮局取回一封封流畅而真诚的信，自己也趴在南开园里写满几页热情而幼稚的话语，好像伸出手就能摸到钱塘江边的浙江师范学院大门似的把这些话递给八里台邮局。

在八里台邮局旁边的书店里看到好书，我一定是要买两份，一份就是寄往“千里之外”的浙江师范学院中文系，但不久，我都要收到八里台邮局送来的“取款通知书”，她是一定要把书款寄还给我的。她后来在杭州主持一家出版社的出书工作，她大约已经忘了她书橱里的哪一本书是我寄给她的了，因为她没有接受过我的一册赠书。我一趟一趟从八里台邮局取回她的信和她的汇款，也让我尝到了青春懵懂的那一点儿甜。

可能是愿意跑八里台邮局取汇款，我没有阻止浙江师范学院中文系的那位女生给我汇来买书的钱，另外一个原因是，当时我是每月从生活委员韩小蕙手里接过十五元助学金而度过一个月的，我不敢阻止浙江师范学院中文系的那位女生给我汇买书的钱，不然，我连买晚餐的钱都没有了。

我们班生活委员韩小蕙每月发给同学们的助学金是从学校领来的，而她自己的生活费却是每月从八里台邮局取回的。小蕙在北京的单位每月给她寄三十几元的工资，小蕙一个月除了吃饭、买书，居然还能存下钱，于是就在邮局那儿立了一个存折，我还陪韩小蕙到八里台邮局取过钱呢。小蕙的姑妈，是我家老邻居，小蕙的表哥是我小时候的“司令”，我与小蕙的关系就较近了。当然我也佩服韩小蕙的文笔。小蕙是昌黎人，我总感觉她独受“唐宋八大家”之一的韩愈韩昌黎的点化，心里很敬慕她。我常陪小蕙去天津西南楼她姑妈家，小蕙也是唯一到我家做过客的女生。韩小蕙每月管理全班的助学金，那种认真负责的劲儿，与毕业后她主持《光明日报》“文荟”副刊的态度几乎一模一样，她可能对任何工作都没松懈过。她获得过国家级奖项“韬奋新闻奖”，为南开园争了光。

有一次，学校里的助学金没有按时领到，班里几位男生着急了，小蕙更着急。情急之下，小蕙决定到八里台邮局去取自己的存款，先发给大家。那一次取的数额较大，小蕙就让我陪她去。

春天的南开园里开满了姹紫嫣红的花，很美，真的像汤显祖在《牡丹亭》中写的一样："袅晴丝吹来闲庭院，摇漾春如线。"那一天，南开园的春色很美，我觉得小蕙更美。她原本娇小的身材，走着跳着，高度已经超过了我，她心里一定觉得为班里的同学做了好事、做了大事，喜悦挂在她脸上。从八里台邮局取回一包沉甸甸的钱，是背在我的肩上回南开园的。八里台邮局好像知道小蕙的美，那两扇亮亮的玻璃窗像慈祥老人两只亮亮的眸子目送着我与小蕙走进了南开园。

陪韩小蕙到八里台邮局取回一包沉甸甸的钱后不久，我又在八里台邮局取回了几十包沉甸甸的书。我是中文系学生刊物《南开园》的编委，与兄弟院校的学生刊物进行联系，是《南开园》交给我的任务。1979 年秋，八里台邮局通知我取邮件，我以为是浙江师范学院中文系的那位女生开始给我寄书了，就兴冲冲地跑到八里台邮局。进了邮局，我递上取包裹单，邮局职员问我："怎么来的？"我心想，这还要问吗？想也不想地直接回答："走着来的呗！""走着来的？那你怎么拿走？"邮局职员说着，一指柜台里面，我往那里一看，可傻眼了，邮局柜台里边靠墙摆了一大堆牛皮纸包的邮件，每个邮包上面的收件人都赫然写着我的名字。邮局职员追问我："有车吗？"我说："等等，我马上再来！"

我转身跑回南开园，又飞跑到学三食堂，向食堂的大师傅借了辆平板三轮，叫上我们足球队中的"好汉"崔济哲、余晓勇，一同把这些沉甸甸的邮件从八里台邮局拉回了宿舍。平时，食堂里拉白菜土豆的三轮车，这次可载回了满满一车无比丰腴的"精神蔬菜"；这些邮件、这些"精神蔬菜"的分量和重量，越到往后的日子，我越感到沉甸甸！

这里摘录武汉大学中文系同学写下的有关《这一代》杂志的

发行往事的文章，以回顾那段难忘的历史。

按：2012年的毕业30年同学聚会，我们集体编撰了《我们这一代——武汉大学中文系77级同学回忆录》，其中第二辑“这一代”收录了我和几位老师同学的回忆文章，这是吕波同学的一篇。

大学那些事儿

其一：回忆《这一代》的发行

印刷终止！装订受阻！发行叫停！受“文化大革命”刚刚结束，少数人“左”倾惯性思维的影响，武汉大学中文系77级珞珈山等13个社团创办的文学习作刊物面临着夭折的境地。

1979年11月25日下午，在武汉大学桂园八舍二楼韩德全老师的宿舍里，召开了中文系77级班干部会议。会上，韩老师通报了《这一代》杂志编辑印刷的基本情况和当时遇到的困难，让大家研究下一步怎么办。经过一番热烈讨论，很快就统一了认识。大家认为，《这一代》杂志是大学生的习作刊物，尽管存在着一些不足，但学生们的出发点是好的。不同的看法可以在学生中相互讨论、相互争鸣。因此，该杂志在校园内的交流应当可行。随即，会议研究了下一步计划：（1）目前这本杂志，要完整印刷已无可能。对于残缺不全的《这一代》，由编辑部迅速起草一个说明，附在即将装订的杂志中。（2）动员全年级同学联系有关单位，完成《这一代》的装订工作。（3）做好发行准备。首先请中文系资料室出面协调，将主办单位和已付订金的杂志寄出。余下的杂志由全年级同学到武汉各大院校出售。（4）因为缺页，价格由原定每本0.48元改为0.35元。会议还确定由我负责制订发行方案，陈世清同学负责财务。

会后，一切都有条不紊地进行。陈惠文同学联系到一家愿意接受装订工作的街道装订社；编辑部迅速起草了《告读者书》，同学们连夜刻蜡纸几十张，通宵推印在《这一代》的封二上；我也根据会议精神拟好了发行方案。

1979年11月30日上午，部分同学去装订社抄写邮寄地址，并将15800本杂志，按每包50本打包成316包，全部运回。其中3800本留在中文系由我们自己发行；另外12000本交给武汉大学校内的珞珈山邮政营业所，按照每个院校1000本的数额，直接挂号邮寄给12个主办院校学生社团。由于珞珈山邮政所规模很小，业务量有限，经协商，同意分三天邮寄完。在我保存的邮件清单中记载，具体邮寄时间和12个主办院校的收件人分别是：

1979年11月30日寄往：

陕西省西安市西北大学中文系 77 级方兢（邮件编号075—094）

贵州省贵阳市贵州大学中文系 77 级罗建明（邮件编号095—114）

吉林省长春市吉林大学中文系 77 级徐敬亚（邮件编号115—126、190—197）

1979年12月1日寄往：

浙江省杭州市杭州大学中文系 77 级张也频（邮件编号130—149）

江苏省南京市南京大学中文系71号信箱徐仁祥（邮件编号150—169）

广东省广州市中山大学中文系 77 级苏炜（邮件编号170—189）

1979年12月2日寄往：

天津市南开大学中文系78级周婴戈（邮件编号198—217）

……

邮件是十三所院校中文系学生合办的刊物，叫作《这一代》。我们南开园的任务是把它发行出去，我一下子忙碌起来。在天津大学邮局前，我发行这杂志，还发表过激扬慷慨的演说。那是在天津大学邮局前的空地上，我大声吆喝："第一本全国大学生联合自办的文学刊物，用青年人自己的眼光看待社会、描写社会、评价社会！大胆而又真实咧！"这大胆的喊叫，真有些效果，天津大学的同学素有关心时政的传统，过路的同学纷纷购买。正在我像一个称职的"报童"，一边收钱一边分发杂志的时候，在人群的外围有一位高个子的青年说话了："《这一代》杂志，我听说了，说是中央刚定为反动刊物，咱们别买这刊物，别给自己惹事。"他虽然是说给自己的同伴听，但他的一番话，确实让一些准备付款的同学犹豫了。这时候，我被激发出一股为杂志辩护的勇气，提高了嗓门说："你也是年轻人，不必说什么'惹事'的话，这就是全国中文系大学生自办的文学刊物，发表的就是小说和诗歌，都是我们中文系同学自己写的！如果要坐牢，也是我去坐牢，你不必说这些没骨气的话！"可能是我的这番话，真让天津大学的同学们感到临近的南开大学同学的勇气与骨气了，犹豫的同学们都把钱交到我手里，那高个子的青年灰溜溜地走了。

现在想起来，我说那些话时，真有南开大学东门外的八里台邮局要实实在在超越天津大学校园内邮局的气概，我那满腔热忱、朝气蓬勃的演说，活脱脱就是个青年大学生的口吻。《这一代》杂志越卖越快，最后几册，我自己买下了。我送了一册给天津师范学院（今天津师范大学）中文系我所尊重的一位姓宋的女生，她很快就问我：“其中作者安东何许人也？”我答：“诗人张光年的儿子。”可见她看《这一代》杂志比我看得仔细。

2005 年 3 月 18 日《新京报》记者采访中国作家协会副主席陈建功，陈副主席作为当年北京大学中文系的学生，也是这本学生刊物的编委，还详细介绍了这本《这一代》杂志，并说：“我至今没能保留一本，引为憾事。”我是《这一代》学生刊物在天津市的主发行人，我有幸保留了两本该刊。当学生时的我，与北大学生陈建功有过交往，如果建功兄现在向我要一本，我是应该无偿奉送的。《这一代》杂志原本选定陈建功的《流水弯弯》打头阵，可《流水弯弯》又被广州《花城》杂志看中，陈建功就向这册大学生刊物推荐了上海青年曹冠龙的《火》。《火》也着实让《这一代》学生刊物“火”了一把！

也因为这把“火”，我对八里台邮局有了格外的情感。

进入 21 世纪，八里台邮局冷落下来，因为南开园里的人们是本市较先熟悉互联网的，写信、查资料、投稿、购物都在互联网上。然而，南开园里的人们都对八里台邮局有着一份属于自己的记忆，八里台邮局也见证了太多的南开园的历史沧桑……

南开园对面的邮局，她欣慰的就是 1978 年看到了南开园里令人欢欣鼓舞的变化！

南开园里的北大学生

北京大学与南开大学，联系最紧密的时候，莫过于抗日战争时期共同组建西南联合大学了。当时，不愿意当亡国奴的清华大学、北京大学、南开大学的师生在日寇将要占领北平和天津的时候，举校南迁，一路奔波，在长沙组成国立长沙临时大学，后迁往昆明，更名为国立西南联合大学。抗战胜利后，清华大学、北京大学、南开大学又各自回到自己的原校址，西南联大那段历史，在中国的现代教育史上有着十分特殊的意义。

北大与南开再次紧密联结的时候，可能是 1980 年秋了。那一年，中国社会学专业的权威导师费孝通先生，呼吁我国在大学重开社会学专业，国务院特批教育部紧急办理此事，教育部就从全国知名大学的 1977 级文科学生中，以考试的方法选拔了一批自愿学习社会学专业的大二学生，组成了一个全国唯一的社会学专业班。教育部又把这个独苗似的学习班放在了南开大学哲学系，一时，大约在 1980 年的国庆节后，南开园里涌进了一批戴着北京大学、复旦大学、中山大学、武汉大学校徽的同学。这样一批从全国 1977 级大二学生中精选出来的优秀生，从外到内，都是气质高雅、风度翩翩的。当时，我作为南开园里的 1978 级学生，看着这些师兄师姐们，只有羡慕的份儿，没有接近的机会。我的印象中，有两三位佩戴北京大学校徽的女同学，高挑的身材、乌黑的长发，宛如战国时期宋玉所描绘的“眉如翠羽，肌如白雪，腰如束素，齿如含贝”。同时，从她们嘴里，我能听到的除了流利的英语，还有让我在当时倍感新奇的词语“沟通、社会资源、公共关系”等等，我切身感觉到南开园里的北大学生确实超群绝伦、秀出班行！

大约又过了两个学期，1981年的那个夏天，南开园里马蹄湖的荷花开得格外早，翠绿的荷叶上滚过一串串晶莹的水珠，粉色的荷花怒放得近乎火红，似乎在等待更大的喜讯。这南开园里的荷花，真的迎来了一位来自北京大学的同学，他穿着大学生们常穿的军便服，左胸前别着北京大学白底红字的校徽，在南开园里十分显眼。他是北京大学校学生会文艺部部长孟晓苏，他只带着一个简单的挎包，而挎包里却揣着北京大学同学们十分郑重的嘱托，这嘱托是北京大学校学生会安排和布置下来的。

从北京大学到南开大学动身前夕，北京大学校学生会主席张同学和副主席李同学，都对孟晓苏千叮咛万嘱咐了一番，希望南开的同学能够与北大的同学携手推进中国社会的民主法治进程。

北京大学“是一个鼓励师生们独立思考的地方，北大鼓励各种不同的思考，鼓励你对别人的思考报以尊重和吸收的态度。1978年，中国的思想解放运动正在兴起，北大是当时思想解放运动比较前沿的地方”。这样评价北京大学的是北大中文系1977级学生陈建功，他把这段话收录在作家出版社的“共和国作家文库”之一、自己的专著《放生》一书中。

北京大学校学生会嘱托孟晓苏带给南开大学同学们的正是思想解放运动前沿的信息。北大的同学，如果想把自己的思想和活动传播到校外，在北京城里，他们第一个想到的是清华园，往北京城外，他们第一个要去的就是南开园！

1919年5月4日，北京大学学生傅斯年、罗家伦高举“北京大学”横幅，带领北大的同学走上街头，抗议巴黎和会上列强对中国的凌辱和北洋政府丧权辱国的行为，赶到北京城援助北大同学的就有南开大学的旗帜。

这一次，孟晓苏是特意来找时任南开大学校学生会文艺部部长、南开大学哲学系 1977 级学生梁玉才的。北大与南开的两位校学生会文艺部部长，这次要讨论、交流的不是进一步发掘在校同学们的文艺专长，孟晓苏是来传递北京大学同学们“独立思考、关心时政、民主选举”等进取之星火的。孟晓苏从挎包里拿出一份十分简单的《北京大学校学生会告全国大学生书》，内容不过是呼吁恢复高考以后的 1977 级、1978 级大学生除了埋头刻苦读书、弥补知识的缺失之外，也要抬头关心国家大事、关注党推行的改革开放大业，学习文化与关心时政双结合。任何时候看，这份“宣言”都是很入情入理的，没有什么神秘之处，但是，到了南开园的北大学生，毕竟传达了一个信号，传递了一个信息，就是北大的学生鲜明地呼吁新时期的大学生要与时俱进，要关心时政，要读“国家政治”这本大的教科书！

孟晓苏除了从挎包里拿出这份简单、明确的“宣言”外，还口头向南开大学的梁玉才介绍了北大同学怎么在足球世界杯预选赛中看到中国队在 0 比 2 落后的情况下，扭转颓局，奋勇拼搏，最终以 4 比 2 获胜后，兴奋地高唱国歌围着未名湖游行的爱国激情，以及理性地组织了探讨国家大事、关注社会时局的研讨会、学习组等学生社团活动。

“团结起来，振兴中华”这后来响彻神州大地的口号就诞生在 1981 年 3 月 20 日晚北京大学学生在看完中韩男排比赛后庆祝中国队胜利的游行队伍中。

1981 年 3 月 21 日，北京大学校广播站播出了一则消息：“3 · 20 之夜，同学们喊出了‘团结起来，振兴中华’的口号，表达了北大同学一致的爱国热情。”两天以后，《人民日报》刊出了有关北京大学学生“3 · 20”之夜欢呼中国男排获胜情况的通讯，这篇通讯也特意标出了那一夜诞生的“团结起来，振兴中华”

的口号，肯定了这一大学生们的原创口号。

1981 年 3 月 20 日后，北京大学特意在校内图书馆的东北角立了一块“振兴中华”的石碑，以纪念 77 级、78 级大学生们呼喊出来的传遍中华大地的“团结起来，振兴中华”的口号。

当然，那次孟晓苏到南开大学里来也介绍了 1980 年秋发生在北大校园未名湖畔，十六位北大青年学生主动参加北京市海淀区人民代表竞选的活动，并且这十六位学生发表了系列性的竞选宣言。

南开园里的北大学生，实实在在让南开大学的同学知晓了北大同学在思考什么、探讨什么，他们把中国思想解放运动在北大燃烧的火炬传递到了南开园。

1981 年，北大和南开两位校学生会文艺部部长在南开园主楼前合影。右为北京大学中文系新闻专业 1977 级孟晓苏，左为南开大学哲学系 1977 级梁玉才

为纪念这“火炬的传递”，北大与南开的两位校学生会文艺部部长孟晓苏和梁玉才，背靠南开大学的主楼还合拍了一张照片，这张照片，作为历史的印记，显得弥足珍贵。来到南开园里的北大学生孟晓苏，从北京大学毕业后，担任了曾任中华人民共和国国务院副总理、全国人民代表大会常务委员会委员的万里同志的秘书，在中南海勤政殿工作了很多年。后来，孟晓苏又独当一面，任中国建筑发展总公司总经理。南开大学的同学再想和他合影，他已经抽不出时间了。

这一次，北京大学校学生会主动派学生干部到南开大学来传播北大校园里掀起的“热爱国家，关心时局，立足校园，放眼社会，推进国家民主法治建设”的活动理念，只有在1978年到1982年的中国高校校园里发生，后来这一举动再难出现了。但这毕竟是个历史的现象，它的出现与退潮，是受社会大环境影响与制约的。

1991年，北京大学教授、经济学家厉以宁先生与他的三位北大的学生孟晓苏、李源潮、李克强合著出版了《走向繁荣的战略选择》，该书特意在结尾写明“改革是不可阻挡的趋势”。几个月后，中国改革开放的总设计师邓小平到广东视察，发表了掀起中国“第二次改革浪潮”的“南方谈话”。2013年，李克强出任中华人民共和国国务院总理，李源潮出任中华人民共和国副主席。由此，您一定更深地理解了“南开园里的北大学生”有什么样的位置与分量了！

除了那次北大的同学在南开园的影响之外，我所知道的是三十年后另一位在北大较有声名的学生，曾与南开大学的同学纵论文学与文化，他就是北京大学中文系1977级的学生陈建功。

陈建功，是当作家的料，“文革”时期他在京西煤矿当矿工时，就发表了小说。当时他在北京的出版社招待所修改小说时，还与家喻户晓的大作家浩然（梁金广）做过邻居。1977年恢复高考，陈建功考入北京大学中文系，一边当学生，一边还在发表小说。1978 年到 1982 年间，全国在校大学生发表小说及其他文学作品，数量之多、质量之高，首推陈建功是不会有人质疑的。陈建功不但自己在报纸刊物上发表作品，也积极提倡全国的在校大学生进行文学创作。由此，在全国一些热爱文学创作的在校大学生的倡议下，由十三所大学中文系的同学自发创办的学生联合文学刊物便诞生了。1979 年的暑假，这十三所大学中文系的同学代表在北大校园里、在北京城的某个地点召开了几次碰头会。陈建功作为主人，与邓友梅、刘绍棠等被称为“京味小说”作家的代表，热情招待了天南地北的中文系同学代表、文学青年们。身处古老的北京城，讨论着朝气蓬勃的青年文学，同学们把自己的文学刊物就定名为《这一代》！“这一代”表现了 1977 级、1978 级大学生曾经过中国社会的波折，曾有过历史划破的伤痕，曾伴着时代的更迭探讨中国的前途，曾成为社会的幸运儿仍思考着国家的明天。这是有经历的一代，是真实的一代，是转折的一代，是中国历史不可替代的“这一代”。

《这一代》杂志创刊了，首期由武汉大学中文系“珞珈山”文学社团主持，他们向全国大学中文系在校生发出了征稿启事，投稿多如雪片。《这一代》编辑部在投稿中严格、审慎地筛选，选定北大陈建功同学的小说《流水弯弯》作为刊物的首篇。从北大陈建功已发表很多作品的经历和创作小说的功力来说，他的作品被排在当年大学生作品的首位，是不足为奇的。

然而，陈建功不愧为陈建功，正当他的《流水弯弯》被《这一代》杂志确定为打头阵来吸引读者的重头作品时，他的《流水弯弯》又被全国众多读者热捧的国家正式文学刊物《花城》杂志选定为首篇作品，被《花城》杂志指定为首篇作品是一种极大的荣誉，也是一种文学价值上的肯定。《这一代》编辑部也为北大同学陈建功高兴，同时，武汉大学中文系的同学觉得自己的选稿眼光能与广州《花城》杂志不谋而合，也受到自信心上的鼓舞。

但陈建功遵守着一个文学青年一稿不发两刊的职业道德，马上与《这一代》组稿方武汉大学中文系“珞珈山”学生社团联系，主动要求撤下自己的《流水弯弯》在《这一代》杂志中首篇的位置。《这一代》编辑部理解陈建功的心情，同意了他的请求。但撤掉了陈建功的《流水弯弯》，《这一代》杂志一下子捉襟见肘了，临时补上质量高的稿件，时间上很是紧迫了。这时候，又是陈建功主动站出来，他向《这一代》推荐了上海青年曹冠龙的《火》。这《火》着实让这本学生文学刊物“火”了一把！

2005 年 3 月 18 日《新京报》记者采访时任中国作家协会副主席、书记处书记的陈建功，陈副主席回忆自己作为北京大学学生时，曾经参与创刊学生文学杂志《这一代》，作为当年那本学生刊物的编委，陈建功介绍了这份杂志，并且很遗憾地说：“我至今没能保留一本，引为憾事。”

《新京报》刊登的记者采访中国作家协会陈副主席的报道，正巧被南开大学中文系 1978 级学生的我读到了。1979 年，我是《这一代》在南开大学中文系的联络人，也是《这一代》在天津市的主发行人，我有幸保留了两本《这一代》杂志。

进入 21 世纪，《这一代》已经像“文物”一样在大学校园里、在全国收藏界珍贵起来了，许多当年的大学生们现在都后悔没有用历史的眼光来看待这本唯一的全国在校大学生的联合文学杂志。我知道了陈建功同学很希望再看到、能拥有一本凝结着他青年热血的杂志，我开始左思右想了，一方面十分珍惜这本也凝结着自己青春心血的杂志，另一方面也眷念着当年与北大陈建功同学共同创办过学生杂志的友情。我捧着这本让自己内心十分纠结的杂志细细地翻看起来。

我眼前的这本杂志，封面没有完成套色印刷，只有红色的一种单色字体，内文又装订不完整，因为在这本杂志装订期间，正值1979年秋，“反资产阶级自由化”的风声阵阵刮起，武汉大学中文系的同学就立即决定把不完整的杂志向全国发行，“她”一问世就这样残缺！原本这期杂志的第一篇应是陈建功的《流水弯弯》，最终这期杂志的首篇换成了龚巧明同学的《第二乐章：希望》！

《第二乐章：希望》，字里行间跳跃着柔美的小提琴奏出的细腻的音符和年轻人对新的生活、新的时代的希望！文章的作者正是一位极具才华、娇小清丽、纯情如玉的女大学生龚巧明——四川大学中文系1977级的学生。清纯的龚巧明在奔赴遥远的、辽阔的、纯美的、清丽的青藏高原的采访的路上，翻车葬入玉曲江里。从建功的《流水弯弯》到巧明的《第二乐章：希望》，这本杂志不由自主地在演奏着一曲委婉的、清逸的、年华似水的青春咏叹调。我好像总觉得透过陈建功的《流水弯弯》，能够清晰地看到澄澈的玉曲江底安静地躺着我们的女同学龚巧明，她那原本就如玉的脸上还泛着当年我们共有的青春“希望”的桃红色；玉曲江的“流水弯弯”，如玉的龚巧明，不能不说这本大学生刊物注定带有来自蓝天白云的圣洁！

这本学生杂志的“圣洁”，她的“残缺”所表现出的青年大学生的稚嫩与天真，她封面上单纯的红字和内容《火》《轿车从街上匆匆驶过》等等，共同构成了青年人的直率、热情、果敢、正直，激荡着我的心，也召唤着所有1977级、1978级的中国大学生们回味当年进入大学校园的那份纯真、那份兴奋、那份蓬勃。再加上《这一代》第一期原定的第一篇作品的作者正是陈建功同学，南开园里的同学们很钦佩北大建功同学的正派与厚道，我的思想在斗争着。就在这时，又出现了一件事，促成了南开园里注定有北大学生的身影。

2009年，作家出版社出版了一本硬皮精装书，书的内容是近三十万字的精美散文，书的名字是《风从天上来》，书的作者是崔济哲。作者简介中是这样写的：“崔济哲，1982年南开大学中文系毕业，任新华社高级记者、新华通讯社副社长、中国报业协会副主席、中国作家协会会员。”

崔济哲是南开园里一名优秀的学生，他的散文写得蔚为大观、情真意切，因为散文写得精彩，感动了中国两位大作家——贾平凹和陈建功。陈建功和贾平凹都为此书写了序，两位文学家齐说，崔济哲的散文沉静、厚实。这与我感受到的主调一样。这“厚”与“沉”中，苍苍然透着一股雄气，一股残存的老北京城门楼子和空阔的西北黄土高坡的苍凉雄气，读来好像呷着一瓶让血滚动的烈酒，血，流向那天际的沧海。

因为北大学生陈建功为南开园走出的学生崔济哲的散文集写了序言，促使我想把陈建功请进南开园。特别是我手里的《这一代》杂志，原本首选陈建功的《流水弯弯》打头阵！我从“仗义”的角度觉得如果建功兄向自己要一本《这一代》，自己应该是无偿奉送的！

做了这样的决定，我就邀请了陈建功，又约好了南开园的同学崔济哲，还有南开园中文系的学生崔晶、竺小政等，大家欢聚一堂，谈文学，谈文化，谈大家关心的南开园。

在南开园，在一群“激扬文字”的文学青年之中，陈建功如约而至，并带来两瓶好酒。酒的醇厚把一群中年人带回了四十年前。同时，也让南开园看到了随和的陈建功豪爽的一面。

酒盅斟满酒。崔济哲同学的父亲是中国白酒酿造专家崔柏森，“虎父无犬子”，济哲谢过陈建功为他的散文集《风从天上来》写序，一盅酒喝干；建功回谢济哲，也一盅酒干掉。而我只敢呷一口，满口余香。陈建功说，他的酒量是在京西煤矿当矿工时练出来的，“三块石头夹一块肉”的井下矿工对生命有着独特的理解，工余喝酒最常见，不饮酒的矿工会被看作“离群”。很随和的陈建功也就随着矿工哥们儿学会了喝酒，很辣的、粗犷的、灼人的白酒。一边喝着白酒，陈建功一边谈着中国的 1977 级、1978

级两届大学生，不仅是一群年轻人的命运转变，而且是一个民族命运的转变，这一代人永远是任重而道远！说着陈建功又连干了两杯白酒，好像此时，只有白酒在他胸中燃烧，才能吻合他思国忧民的历史责任感。建功喝白酒的豪爽之姿，让在座的南开园的同学们真切地感受到“醉里挑灯看剑，梦回吹角连营。八百里分麾下炙，五十弦翻塞外声，沙场秋点兵。……了却君王天下事，赢得生前身后名。……”那种有宏大抱负的男儿形象。

陈建功（左）和作者合影

南开园，珍惜走近它的北大学生。陈建功高兴地与我和崔济哲等南开园的同学照了相。

我连忙拿出了那册四十年前的刊物《这一代》，呈送给原本是首篇作者的陈建功。建功高兴地要求与我合影，我站直了身子，建功兄立在我身边，还特意把手放在我肩上。我又一次感到，这是我们那一代最杰出、最富思考力、最能表达的手抚在自己的肩头。在我俩之间的杂志上，素白的封面上只有三个殷红的字“这一代”……

南开园里的北大学生，给南开园带来了许多新思维、新观念、新友谊，就像未名湖与马蹄湖一样，历久弥新。

南开园里的独到“孤学”

范曾先生创办南开大学东方艺术系，最初聘了几位文学专业教师，其中就包括了曾给我讲授民间文学课的薛宝琨教授。薛宝琨老师当时开设的是选修课，“选”与“休”由学生们自便，薛先生讲课常是两节课一贯到底，中间不休息，欲方便的同学可从后门出入。薛宝琨老师不在意听他课人数的多与少，正像薛先生不在意他讲授的民间文学课是夹在“恃才傲物”的唐代文学与“思辨求索”的《浮士德》之间一样。

因为是民间文学课，学生们最初以为这样的课程，不如杨成福先生授《左传》《史记》之宏博，不如宋玉柱先生析现代汉语语法之缜密，不如叶嘉莹先生《花间词》赏之透辟，不如郝世峰先生李商隐诗析之深邃，又恐不及宁宗一先生解《牡丹亭》之情深意长，不及鲁德才先生讲《水浒传》之旁征博引。所以，初来听课的学生不多，我便是这不多中的一员。

薛宝琨老师指定的读本只有一册，是摘了“右派”帽子才得以出书的钟敬文教授的《民间文学概论》。捧着这本书，主要是听薛宝琨老师讲授民间文学的性质、源起与发展等。我清楚地记得由薛先生安排，辽宁大学乌丙安老师给我们做了一个讲座，乌老师对钟教授敬仰得五体投地,乌老师说:“对钟教授佩服得‘六’体投地的倒是外国人，日本人、英国人、苏联人和法国人……因为外国人想了解中国，认识有五千年文明的中国社会，总是先从学习和了解中国文学、中国诗歌开始的，而了解中国文学，学习中国民间文学是起步点。”

我们听薛宝琨老师的民间文学课，常常是拿着钟敬文教授的《民间文学概论》，摊着笔记本，听薛先生娓娓道来。

薛先生讲话很慢很低——他没有抑扬顿挫、珠圆玉润的声调和语音，也不见错落有致、层叠有序的排比修辞，他远离正襟危坐、引经据典的高谈阔论，更不靠峰回路转、柳暗花明的精妙结构，他的课有的只是普通的邻里生活、朴素的语言、普遍的民间故事、朴实的民众形象。然而，就在这普通、朴素、普遍、朴实之中，薛先生匠心独运、慧眼独识，梳理着、归纳着中华民族流淌了五千年、孕育出无数灿烂文学艺术奇葩的原生态文化脉络。“你能说《诗经》的十五国风不是民谣、民调吗？你能说《孔雀东南飞》成稿于案头即兴之作，而不是几代人的口头流传、修改的民众创作之品吗？……哦！民间文学，神秘而又深厚。”薛先生如是说。

薛先生是国内第一位研究侯宝林相声艺术的学者，薛先生讲课的形式与技巧也就颇像侯大师说《改行》段子一样圆润，又加上薛先生讲课内容的厚重，薛先生讲了三次课后，来听课的学生便渐渐多了三倍，1977 级的同学和 1979 级的同学也都有人特意挤进来听薛先生的民间文学课。

薛先生还是那样讲他的课，既不亢奋又不烦冗，更不以听课者之多寡而左右其哀乐。薛先生讲课形式很是精练，薛先生讲课内容又不无精辟。四十年过去了，我记忆犹新的是薛先生的精准立论之一：“艺术，本身没有高低之分，只有高低之分的艺术态度。唐诗宋词是辉煌的，而民间传说也同样有耀眼之处，细釉瓷是优雅的，而陶器也不乏美丽。凡艺术的，都处在同样一个天平上，只有风格的不同，没有贵贱的区别。讲《离骚》的，只是教师，你绝不是楚人，李白诗的飘逸，杜甫诗的沉郁，那是李杜诗的本身，讲解诗的人千万不要自己飘起来。”

薛先生对于“艺术，都是平等的”这独到“孤学”，甚是坚持不懈，且广而播之，受益者颇多，我是实际感受到了的。

专门研究、教授中国古典诗词、多年旅居海外的叶嘉莹教授初次回到国内讲授中国古典诗词，就是在 1980 年给我们南开大学中文系 1977 级、1978 级的同学讲的，并且是从“客行虽云乐，不如早旋归”的《古诗十九首》开始的。创作年代无从考定、作者无从确定的《古诗十九首》，以它言简而意深、辞短而情浓的面貌示人，唯一能断定的就是它们是文人之作。叶教授讲《古诗十九首》时，从古诗中剖析了“人”的悲欢离合、荣辱孤达的情感世界，诗是人生世界，喜怒哀乐浓缩于诗。闻名来听者甚众，当时在天津市教授和学习中国古典诗词的大部分教师和学生都赶到南开园主楼东侧的 101 教室来听叶嘉莹教授讲的课程，其中有两位天津师范大学中文系的旁听生也就由此追随了叶先生，成为中国古典诗词的爱好者和后来的讲授者。其中一位高个子的女同学，若干年后与我恰恰同在一所学校一个教研室教书，她开设的就是中国古典诗词歌赋赏析。这位以“文人诗”为雅的女教师，她丈夫偏偏教北方曲艺课，做妻子的总认为做丈夫的教授的曲艺课程低俗，不免琴瑟不和。偶然一次，她随丈夫去拜访民间文学专家薛宝琨先生，薛教授也讲起了“艺术，都是平等的”，“艺术，本身没有高低之分，只有高低之分的艺术态度”这一独到“孤学”，并细说了其理据。女教师茅塞顿开，很是钦佩薛教授的高见，转天到了学校教研室，就立刻把感想转告给我，使我觉得身为薛先生的学生乃此生之大幸矣！

作为学生之幸莫过于从先生那里聆听科学的真理和做人的真谛，我对薛先生的精辟的独到“孤学”记忆极深的还有一句生活的格言。薛教授熟悉并且热爱民间文化，不是袒护、偏袒传统文化，而是更严格、冷峻地审视和剖析民俗习气，科学地评价它、分析它，弘扬民俗文化的淳朴的同时，也能指出它的庸俗，即辩证地、深刻地、一分为二地对待很多事物。这其中，使我们学生震惊的是薛教授的“惧内崇高”论！

“惧内”，俗称“怕老婆”，在农耕文明悠久、成熟的中国民俗中，这是不光彩、不体面的行为。所以，中国古代流传的民间笑话、民间故事中，有许多讥讽某人“怕老婆”，“老婆背后勇如虎、老婆面前怯如鼠”的诙谐题材。薛教授在课堂分析说，第一，反映了民间文学是口口相传、群体创作的特点，反映的是一个社会阶层的松懈的意识观念，不像文人作品，完全体现作者本人成熟的思想与进步的理念，典型例子就是屈原的《离骚》，闪耀着作者深刻的忧国忧民的忧患意识；第二，因为是民众创作，就直接为民众生活服务，调侃、取乐、诙谐就成为民间文学的风格倾向。讥讽“怕老婆”未必是维护儒家学说“父为子纲”“夫为妻纲”那个庄严的理性阐述；讥讽“怕老婆”，与讽刺吝啬、吹牛一样，只是为了迎合市民审美趣味而已。民间文学题材，我们要走近它、熟悉它、研究它，它的可笑之处，我们切不可当作“可爱”！

比如“怕老婆”的题材，我们是讥笑，还是赞许？一定要有科学的、时代性的认识。“在现代社会思想意识中，‘惧内’是优雅的、坚韧的、崇高的品德！不必相瞒，本人就是一位‘惧内’者。”讲这番话时，薛教授坦然而又坦荡，薛先生敢于拿自己做论据，听课的学生们为之一震。四十年过去了，我清楚地记得当时薛教授双手撑着讲台，侧着脸，一个字一个字地说着这番话，充满了自信，也充满了自豪。我当时右手托着下颚，凝望着讲台上的薛教授，他这样坦诚地袒露自己，真像一位勇士在挑战着世俗。整个教室静静的，学生们都被薛教授的这一独到“孤学”启迪着，教室里充满着思考、思辨、思索、思量的氛围。这就是南开大学的课堂：思想活跃、意识先进、允公允能、勇于探索！我

2008 **年春节，薛宝琨先生与夫人合影（周婴戈/摄）**

想名校与非名校，可能就区分在这小小的深层次的一个台阶上。而南开园给了我们很多、很丰厚的营养与启迪，使我们这些南开园的学子们受益终身。

岁月像一条河，缓缓地流逝。先生们教的知识，随着我自己的平庸、碌碌无为，都一点一点地还给了先生们，只有薛先生的立论，清楚地印在我的脑子里，历久弥新。如今，自己也是两鬓白发，到了当年先生们给自己讲课的那个年龄，我终于悟到了薛宝琨先生“惧内崇高”立论之崇高。

妻子小我几岁，年轻好胜，常常感慨同事们的阔绰，相比自家也确实清贫。我郁闷日久，极想为自己申辩。上周六，自己雄壮地来了一个开场白，刚要发泄，突然薛教授的独到“孤学”在我脑里亮起：“惧内是崇高的！”我一下子平静下来。家境的窘困，深究起来，还是我的无能，何必向老婆发威。薛先生的独到“孤学”成为我的精神良药，它使我静下心来。

每每夜静，听中央人民广播电台的《财经夜话》专题节目，那些坐拥百万元、千万元的成功之士们，都不约而同地表述出：“比财富更宝贵的财富，是家庭和睦！”我极相信他们的话是对的，而遗憾的是，我周围像我一样贫寒的、平庸的人们，却很少有说这样话的。

独独薛宝琨先生，一位没有财富而能够做出有财富事和说出有财富话的人，可见薛教授内心的坚实与宽厚、丰沛与博大！

薛宝琨先生是我的先生，我是他的学生，一个始终没有学好的学生，始终受益于南开园里薛先生独到“孤学”的学生。

南开园里观墨宝

我从 1978 年开始在南开园里当学生，读了四年中文系课程。到了 21 世纪，中文系与东方艺术系合组为文学院，院里有许多画家和书法家，我也有幸观赏了许多墨宝。回想起来，应该感谢我那做文学编辑的父亲，1978 年，是父亲坚持让我报考南开大学中文系的。

父亲周艾文是天津市资深文学编辑，一生审稿无数，他惯写钢笔字，很少用毛笔，对名流达贵又一向敬而远之，当了四十年的编辑，存下的墨迹少而又少，全家人都不曾理会。偶闲，我摊开父亲留下的墨迹，看着提按之间的楷、行、隶、篆、草，似懂非懂，但淡淡的墨迹却让我读出了浓浓的情谊，而且这情谊一份比一份浓，让我分明感受到这些墨宝就是用南开园里情感荡漾、思绪饱满的马蹄湖水写成的！

1978 年开始，南开园里涌现出形形色色的专业社团，有朗诵社团、文学社团、歌咏队、健美体操队等，而有着“流觞曲水”的雅致、神似“鹅池”水面的南开园里的马蹄湖当然也召唤、催生了这里的师生成立了书法社团。1983 年来到南开园读书的刘运峰同学，毕业后在南开园里当了老师，也做了编辑。刘运峰老师 2016 年出版了自己的散文集《马蹄湖边忆旧游——有关南开的人和事》，书中第 220 页写道：“在南开读书期间，我最显赫的一个‘职务’就是书法社社长。我的前任是魏立刚。”由此可以“考证”

南开园里的书法社是成立较早的，书法爱好者在南开园里也是群贤云集、项背相望的，对于好的书法作品，或者说书法“精品”，那也是心向往之、先睹为快的。刘运峰老师在这篇《我的前任魏立刚》一文中写到了曾经担任过南开大学书法社社长的魏立刚校友，他在 21 世纪初就闯到文化中心北京城里当了一位职业书法家，“靠卖书画的收入买了两套房子”，并且，“《中国现代美术全集·现代书法》里，其中就收录了魏立刚的作品”。

我把父亲存留的几帧墨宝展示给几位南开园里的书法方家们，他们一致用了一个新名词——“资源分享”，让我把这些书法精品用文字描述一下。我的文字是大不如那些“墨字”的，诸君自悟吧。

父亲受赠的墨宝，最早的是郭沫若先生赠予的。郭沫若多才多艺，文学、史学、甲骨文考据、书法，样样皆擅。说到郭沫若的书法，还有一个格外被人推崇的往事。中国江南三楼中的黄鹤楼、滕王阁早就楼“去”人空、片纸未留，只有岳阳楼还是历史古迹，但也残垣败壁了，政府就拨款“重修岳阳楼，增其旧制”。1961 年，岳阳楼修缮竣工，看着 1932 年由当时湖南省委主席何建筹资修葺岳阳楼后题写的匾额，岳阳楼人觉得新岳阳楼应该有新匾额，就派人找到老乡毛泽东，欲请毛主席为岳阳楼题字。毛泽东对家乡使者说：“岳阳楼是咱们湖南第一文物，我来题字不太好。”他想了想说：“郭沫若对历史、考古都有研究，字又好，请他来题写最适合。”于是，毛主席为这事亲自打电话给郭沫若，足见毛主席对题写岳阳楼匾额的重视和他这位挥毫之人对郭沫若书法的肯定了。郭沫若接受了毛主席的嘱托，自然尽心尽力，研饱了浓墨，“提按”“转折”“轻重”“迟速”，精心运笔，极用心地写了几幅“岳阳楼”，然后用中国科学院的大信封寄到了湖南省岳阳楼管理委员会。

岳阳楼管委会邀请了一些书法家共同挑选郭沫若的题字，果然，“惟楚有材”，湖南书法家们对郭沫若的墨字翻过来调过去地选，篇篇皆精，但字字互有短长，岳阳楼的匾额是岳阳城的大事，书法家们精益求精，甚至吹毛求疵，在几幅题字中难以定夺，众人气泄。正在无奈、无助时，突然，一位书法家瞥见郭沫若用毛笔写来的大信封，那上面“岳阳楼管理委员会 收”几个字的“岳阳楼”三字笔力雄劲、气象万千，正有“衔远山，吞长江”之势，颇符“岳阳楼之大观也”，信封上的“岳阳楼”墨字，让众人折服，白璧无瑕。管委会将郭老这三个字制成金字匾额悬在岳阳楼之上，供南来北往的人欣赏。后来，郭沫若题写的“岳阳楼”匾额录入了《中国名匾》之中，郭沫若书写匾额的所有手迹则珍藏在了湖南省博物馆。郭沫若书法家的地位，在毛泽东和中国民众的眼里始终没有缺憾。

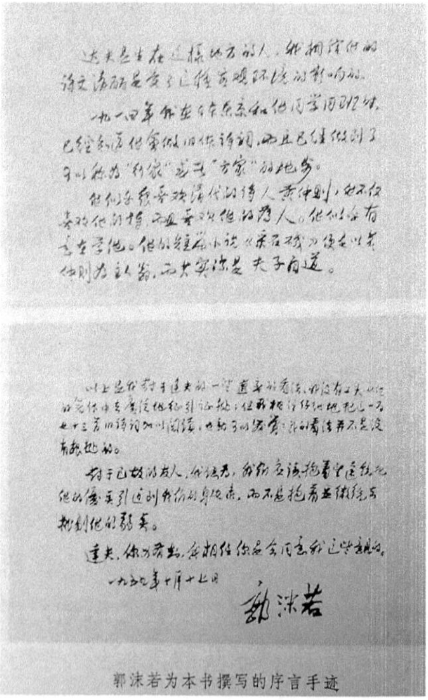
达夫是生在这样地方的人，他的旧体诗文确是受了这种古典环境的影响的。
一九一四年我在日本东京和他同学同班时，已经知道他会做旧体诗词，而且已经做到了可以称为“行家”或者“专家”的地步。
他似乎很喜欢清代的诗人黄仲则，他不仅喜欢他的诗，而且喜欢他的为人。他似乎有意在学他。他的短篇小说《采石矶》便是以黄仲则为主人翁，而其实就是夫子自道。

以上是我对于达夫的一些回忆和看法，我没有工夫把他的全部作品来重读他和引证他；但我相信任何人把这一百七十三首的诗词加以阅读，也就可以发觉：我的看法并不是没有根据的。
对于已故的友人，我认为，我们应该抱着宽恕的心情把他的优点引进到我们的身边来，而不是抱着苛刻的态度去挑剔他的弱点。
达夫，你是君子，我相信你是会同意我这些意见的。
一九五九年十月十七日
郭沫若

郭沫若为本书撰写的序言手迹

郭沫若先生为《郁达夫诗词抄》所作书序手迹

商务印书馆董事、第一届全国人大常委会副委员长陈叔通说过，当代的书法家应该记住的有：郭沫若、齐燕铭、沈尹默等。这评价，看来有一定道理！

家父周艾文收到的郭沫若墨迹，也是用中国科学院的大信封寄来的，写在中国科学院毛边信笺上，共八页，千字以上，推想郭老写这些字，也是费时良久的。如此珍贵的墨宝，家父收到时，定是欣喜若狂，更令人激动的是，郭老这一千多字的墨书，倾吐着深情厚谊，当然，郭先生这份炽热的情谊是献给他的老友、老同学郁达夫先生的。

父亲周艾文在20世纪50年代初立下一个志向，要把散文家、小说家郁达夫的古诗词收集齐全，编一册书，奉献给热爱中国传统文学、热爱世间真情文学的读者们。中国文人的诗词唱和，由来已久，但吟罢诗词往往随风飘散，收集齐全实属不易。就在“山重水复疑无路”时，郭沫若伸手相援，他介绍我父亲去拜访与郁达夫有过交往的老文化人，他们都给予了帮助。家父努力近十年，一册《郁达夫诗词抄》的稿件收集整理工作才接近尾声，郭沫若闻之，百感交集，在1959年10月17日挥毫写下这一千多字，算是为该书作序。父亲接到这八页墨稿，见到郭老的墨字条畅通达，俊逸清秀，字与文相得益彰，心中赞叹，真是一篇难得的书序。郭老写道：“一九一四年我在日本东京和他同班同学时，已经知道他会做旧体诗词，而且已经做到了可以称为‘行家’或者‘方家’的地步。……他的小说笔调是条畅通达的，而每每一泻无余；他的旧诗词却颇耐人寻味。古人说‘多文为富’，他名叫郁文，真可谓名实相副，‘郁郁乎文哉’了。”郭老还浓墨重彩地写下一笔，“我们应该肯定：他是和恶势力搏斗中阵亡在前线上的一位战友。”

郭沫若这篇“郁郁乎文哉”的书序，内容通达、文采洋溢、情感炽热，郭老挥毫写下，自然笔顺气畅、抑扬顿挫、笔随心意了。一帖极精美的书法作品，就这样被我父亲珍藏了。

父亲留存的墨迹，还有几幅也与郁达夫有关。父亲在苦心收集郁诗的岁月里，与达夫的侄女——画家郁风成了挚友，青年郁风在北京读书时，就完全是靠她叔叔郁达夫养育的，血浓情深，郁风和丈夫黄苗子都极力相助家父周艾文收集郁诗。1959年，郭老为《郁达夫诗词抄》写了书序，这本书在三年困难时期中，列入了出版社的出版计划，但是，郁诗在用黑灰色的草浆纸排印二

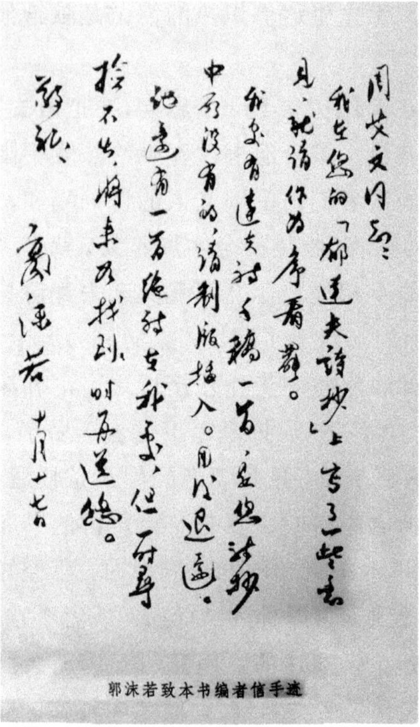

周艾文同志：

我在您的「郁达夫诗抄」上写了一些意见，就请作为参考罢。

我家有达夫诗手稿一首，是您诗抄中所没有的，请制版插入。用后退还。

他还有一首绝诗在我处，但所寻检不出，将来如找到，时再送您。

敬礼！

郭沫若　十月十七日

1959 年郭沫若写给《郁达夫诗词抄》编者的信，而该书到 1981 年才得以出版

校稿时，“阶级斗争要年年讲，月月讲”的口号悄然而起，郁达夫这样的文人又不算“战友”了，郁诗出版停在二校稿上。

从 1966 年到 1976 年，家父和郁风都劫后余生。进入 20 世纪 80 年代，郁诗的出版又列入了出版计划，郁风为叔父的书还画了封面，父亲成为郁风家的常客，他们所谈最多的就是郁诗。郁诗用典、比兴、抒情、言志，确实到了“行家”或者“方家”的地步，郁诗爱好者们聚谈，似畅饮甘露，相谈甚欢。郁风敬仰其叔，热爱郁诗，自不赘述，她丈夫黄苗子先生似乎更懂郁诗。

1934 年 3 月末，郁达夫从杭州城里西行数里，登上天目山，此行此情此景，有诗为证，31 日晨作诗：“二月春寒雪满山，高峰遥望皖东关。西来两宿禅源寺，为恋林间水一弯。”这是晨起心静所作，二月春寒，霜染翠竹，但诗人却感到晨霜如雪一般的洁白。傍晚，登东天目，又是一番情致：“仙峰绝顶望钱塘，凤舞龙飞两乳长。好是夕阳金粉里，众山浓紫大江黄。”一天游览，七彩皆见，心旷神怡，诗人眼里的夕阳之照，皆成金粉浓紫之色。

作为书法家、诗人、画家的黄苗子却把目光放在这次“西行天目”，色彩更斑斓，情调更闲适的29日所作：“泥壁茅檐（蓬）四五家，山茶初熟（茁）两三芽。天晴男女忙农去，闲煞门前一树花。”整首诗没写颜色，但全诗行行皆有色彩，“泥壁”为泥色，早茶为嫩绿，天晴是蓝天红日，“一树花”的色彩就更丰富了，任读诗者填涂。这首诗的对仗、韵律也十分精到，“四五家”“两三芽”，极普通的词语，但对仗工整，使用恰当，就呈现了很立体、很形象、很美妙的诗意。黄苗子读懂了这首诗，赞赏这首诗，就用他很独到的“苗子体”篆隶书法，将这首诗写下来，送给了我父亲周艾文。

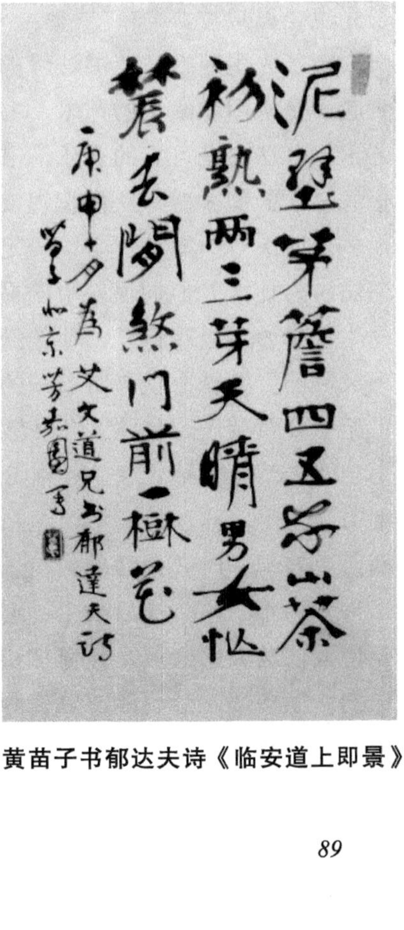

黄苗子书郁达夫诗《临安道上即景》

有次参加南开大学中文系的聚会，我将这幅黄苗子的篆隶书法展示给里手们，各位师友先称赞苗子先生的书法作品条畅通达、骨架刚劲、提按雄健、耐人观赏，继而赞赏郁达夫的这首诗写得好，很有唐朝田园派诗人孟浩然的闲适、悠远、隽永、清新的风格。听到方家们赞许我手里的条幅，我更加感到黄苗子书赠家父这作品的珍贵了。

黄苗子八岁师从世交邓尔雅先生学书法，而邓尔雅在 18 岁时曾随黄苗子的祖父黄屺香研习书法，邓尔雅在大篆、小篆、行楷等书法上造诣很深，这有赖于他多年对文字训诂的学术浸淫。黄苗子袭承了邓尔雅在大篆、小篆、行楷等书法上的道养，对篆体有很深的领悟。更可贵的是，苗子先生后来又潜心学习清代伊秉绶的隶书。伊秉绶少时拜著名书法家刘镛为师，以篆、隶见长，行草书宗李东阳，劲秀清绝，并且掺以篆隶笔意，风格别树一帜。其隶书成就最高，因受衡方碑影响，以篆笔作隶，笔画粗细大致均等，圆润率直，墨沈笔实，醇古壮伟，为清代碑学中的隶书中兴的代表人物，被誉为乾嘉八隶之首。在研熟了邓尔雅的大篆、小篆之后，黄苗子也深领了伊秉绶的“以篆笔作隶”的精髓，而后承继前贤，独开“苗”路，在中国当代书法界“以篆笔作隶”者，苗子先生当属魁首。

苗子先生曾言：“书法看的就是线条、构图、气韵。书法说到底，是构图和线条的艺术。书法和音乐、绘画、舞蹈等是姊妹艺术，书法应是可见的音乐，书法通过点、线、面的变化运动，形成书法的韵律感，从而把观赏者带入一种美的艺术境界。……很多外国人对中国的汉字不一定看得懂，但是他们非常喜欢中国书法，为什么？他们说，中国书法的构图和线条非常美。”苗子先生说得妙，也写得好，他的篆隶书法作品，在中国书法界是独领风骚的。社会上认为黄苗子的作品，已然成为时代的代言，21世纪需要黄苗子这种将文化、艺术、时代精神融会贯通的艺术家。

“天晴男女忙农去，闲煞门前一树花。”一种太平社会安逸、勤劳、富足、祥和的折射，黄苗子用圆润、条畅的篆隶书法来描画，更表现了时代的面貌。苗子先生将这帧字幅赠给家父，表达了许多患难与共、劫后余生、迎着阳光携手共进的互勉，黄苗子是诗人郁达夫的亲属，他懂郁诗，更会用郁诗！我拿着黄苗子赠送的这帧条幅，分明能够触摸到苗子先生对社会安定、对友人关爱的一腔热情。

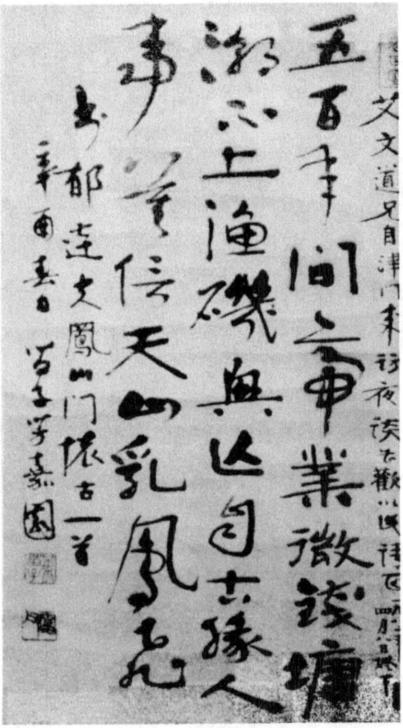

黄苗子书郁达夫诗《自万松岭至凤山门怀古有作》

我自认为黄苗子这幅书赠已是书法家饱含情义的作品了，但当我又找到苗子先生赠送给家父的另一帧字幅，我的眼睛睁得更大了。黄苗子夫妇经历“文革”磨难，依然心存阳光，从住“牛棚”到住芳嘉园宽大的居室，苗子心情格外畅快，“尔曹身与名俱灭，不废江河万古流”，他在客厅里悬字以明志。陶渊明、李白、杜甫、苏东坡，任何大诗人的名字，也不如叔父郁达夫在他们心里的分量重。在郁诗咏史、寄情、愤世的作品中，苗子找到了一首最能表达自己身世和心境的诗，《自万松岭至凤山门怀古有作》：“五百年间帝业微，钱塘潮不上渔矶。兴亡自古缘人事，莫信天山乳凤飞。”这诗是1935年郁达夫借东晋郭璞的谶诗，表达对日寇的愤慨。“兴亡自古缘人事”，表现的是一种坚强、坚定、坚韧，更是来自内心深处的一种坚决！这种坚毅，是戴过“右派”帽子、住过“牛棚”、蹲过监狱的苗子，在内心引以共鸣的，所以六十九岁的黄苗子饱蘸沧桑、轻拨坎坷、笑看浮云，用一支狼毫笔把这首《自万松岭至凤山门怀古有作》写得力透纸背、入木三分，并盖上了“来甘室”的引首章，以表“苦尽甘来”之意。1981年早春，苗子把这幅自己满意的条幅挂在客厅正中，既祭奠他们的叔父，又勉励自己的人生。清明过后，家父周艾文登黄府造访，或许就是那次父亲带去了刚出版的、凝聚家父三十年心血的《郁达夫诗词抄》新书。总之，那次黄府宾主异常高兴，他们谈到很晚。士逢知己肝胆照，苗子先生与家父在人生经历、观世态度、对郁诗的见解上，有许多共识与同见，俩人秉烛相谈，黄先生大悦，便把挂在墙上的《自万松岭至凤山门怀古有作》取下，在条幅右侧狭窄处欣然写下：“艾文道兄自津门来访，夜谈甚欢，以此请正。一九八一年四月八日灯下。”把自己十分喜爱的书法赠给了家父。

四十年过去了，两位前贤已作古，我铺开苗子先生的这幅《自万松岭至凤山门怀古有作》，相比这位百岁老人在九十多岁写下的、被拍卖锤敲热的那些书法作品，我眼前的这幅可说是神来之笔，润泽中见苍劲，圆韧中含骨莽，那是苗子先生历尽生活磨难，九死一生后淡定、坚定的人生感悟，他六十八岁时把自己的这幅心灵写照送给了挚友周艾文，为知己者存念。我手里的“莫信天山乳凤飞”诉说着许多许多无法言表的深情厚谊！

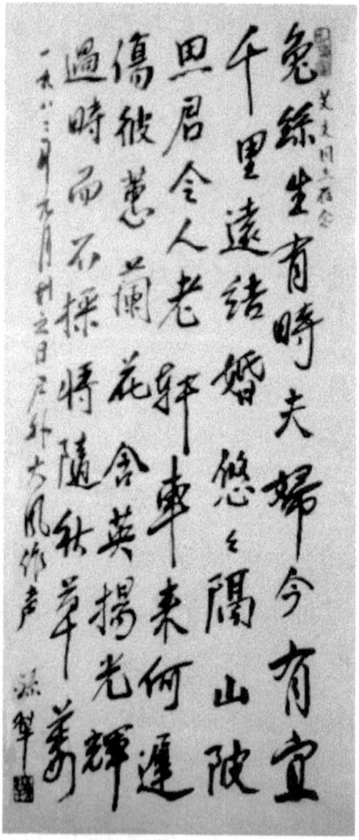

孙犁手抄诗词

父亲所存的墨宝不多，躺在黄苗子书法后面的，是作家孙犁所赠的条幅。孙犁先生是作家，惯写钢笔字，因此孙犁先生赠送的墨宝更让我觉得是宝中之宝。这条幅是常见的四尺四开的幅面，写的是行书，字如其人，很平易：“兔（菟）丝生有时，夫妇今（会）有宜。千里远结婚，悠悠隔山陂。思君令人老，轩车来何迟！伤彼蕙兰花，含英扬光辉。过时而不采，将随秋草萎。”左侧落款：“一九八二年九月廿六日，户外大风作声，孙犁。”跟在“犁”字的长长的“牛”一竖之下的是一枚四四方方的压角章，两个篆字“孙犁”。相对的，右上角的引首章是典型的随形章，完全随石料的造型顺势篆刻而成，长方形，是主人室名“幻花室”。孙犁伯伯赠人字幅，印章用得十分地道，引首章是长方形，压角章是正方形，礼貌规则和鉴证真假的作用全具备了，简单明了。整幅立轴，清爽明洁，疏密有序。右上角引首章的下方有六个小一些的字，显然是后加上去的，“艾文同志存念”。

当我把这帧条幅给一些孙犁研究专家看时，他们大吃一惊，因为 1982 年孙犁还住在天津多伦道大杂院里，他的书桌很窄小，当时孙先生写给别人的墨宝，都是幅面较小的，包括许多人都能看到的，孙犁送给女儿孙晓玲的几部散文集书名的连缀，也是小字幅的。专家们对我手里的大气的孙犁墨宝，持有疑惑的目光。此时，保留了孙犁一百二十封来信的作家冉淮舟先生将我的孙犁墨宝传给朋友们看，孙犁最亲密的学生韩映山先生的长子韩大星认出了，我手里条幅的引首章正是他篆刻的，他亲手篆刻的印章是别人模仿不了的。这枚“幻花室”印章，孙犁先生很是喜爱，孙老送冉淮舟的字幅，也是使用了同一枚引首章。韩大星看到孙犁先生在自己得意的书法作品中都使用“幻花室”这枚印章，非常高兴。职业篆刻家韩大星从篆刻内行的角度又解释道，篆体字的“花”与“华”通用，一般人看到他刻的这枚章会认作“幻花室”，但孙犁先生的原意是“幻华室”，华北的华，华夏的华，华雄的华！

再看看孙犁先生抄写的古诗，“菟丝生有时”比喻生命是有限的，人生是苦短的，有病是客观的、现实的，也令人悲伤，这里指当时躺在病床上的我父亲，也指孙犁自己。“思君令人老，轩车来何迟”是赋，孙犁先生惦念着所有的朋友们，衷心希望大家的身体都好起来，互相有个问候，但健康却迟迟不来，摆在面前的还是苦苦的惦念和身体一天天老下去、病下去。孙犁先生是有这种伤感的，1978 年 3 月 22 日孙犁致韩映山信中写道："开春我倒想出去转转，也太闷了。熟地方，没有什么老的熟人，例如我的故乡，我也不愿多回去了。还不如到个新地方，感受多一些。"写完这信，又过了九个春夏，也是在春天里我们接到了这帧字幅，孙老是出来转转呢，还是专程到医院看望我父亲呢？答案只能从孙犁先生写下的这《冉冉孤生竹》中寻找了。

"伤彼蕙兰花，含英扬光辉"，孙犁先生希望大家的身体都好起来，快乐挂在每个人脸上，光辉普照你我。孙犁对人对友殷切情谊油然而生，挂在我家墙上的条幅表述着这深深的心意。或许 1987 年以后，孙犁先生再也没有到医院看望过老友，他自己的身体也一天天瘦下去。望着孙老的条幅，我眼眶酸酸的，多少人间情谊都深含在这墨字中。墨字本身是平面的、平静的，但有情有义的墨字是能够让人感受到立体的、炽热的，乃至滚烫的人间深情！

后来，我有机会把我手里的这份孙犁先生的墨宝展示给我讲过"孙犁小说美学风格"的南开园的张学正教授，张学正先生站在孙犁文学创作研究家的角度，也深深地被孙犁先生对一位文学编辑的尊重和关心而感动，张学正老师更加了解和敬重孙犁大师了。

南开园里有许多书法家或书法爱好者，他们写下的墨宝，也与我父亲存下的这些墨宝一样，一帧帧地凸显着人间的深情厚谊。我把从南开园里获得的墨宝与我父亲留存下来的墨迹，一幅幅放平，让人间的情谊慢慢地从这里荡开、荡开……

南开园里跃苍鹰

南开园里有许多青松翠柏和鲜花，飞起过各种鸟。2009年，南开大学中文系1978级学生崔济哲的散文新作《风从天上来》由作家出版社出版。读了这硬面精装本的三十五万字散文，不由人不向天上望去，苍云裹着孤鹰，盘桓着……2010年春似多事之秋，已近谷雨，东北竟下大雪，玉树又发地震，苍穹透着苍茫。我手里的这卷书和窗外，不觉一派苍莽，这或许也正是《风从天上来》带给人们的审美感受。

《风从天上来》分四辑，第一辑“风从天上来”和第四辑“悄然走进又默然走出”是写走过的路，第二辑“追忆年华”与第三辑“半轮残月照昨天”是写走过的路上的人和发生的事。总之，崔济哲的散文大多是时间与空间的回放，在回放中我们清晰地看到：顽劣的孩子、顽强的知青、顽健的新华社记者。这是作者自身的三个生活历程和三个“自画像”。三个经历、三个“顽”，崔济哲是“顽”得极出色的。七岁的他钻到废弃的碉堡里玩，掉进石灰池里，呛得半死；晋西北“插队”吃高粱面饼子，不惜劲儿地干一年换十六斤麦子，崔济哲干了六年；拿着新华社介绍信到洪洞县采写《不许敲国家重点工程竹杠》，与成千的臭虫、跳蚤睡一块床板，连吃四十顿熬南瓜，一顿一头生蒜顶住拉肚子，以至新华社没有人不知道崔济哲的！在新华社山西分社做过社长，崔济哲被上调到北京新华社总社当人事局局长，后又任新华社副秘书长、副社长。崔济哲把这些本来是够不上写进散文这大雅之堂的“顽”，硬是都写进散文中，并且有本事让你读来不觉反感，反而感到一种从艰难困苦中挺拔而立的苍劲。

这其中，崔济哲有意潜伏了一个十分重要的因素，而这一因素又在全书中处处显露着它的作用，笔笔牵动着崔济哲的写作。这个因素就是他 1978 年从山西考进南开大学中文系。

在南开园上课读书，是崔济哲一生中最珍惜的时光。崔济哲在《背书》一文中写到，国学大师叶嘉莹讲古诗词，“唐诗宋词就蕴藏在她的喉舌之间”，崔济哲倍觉诗之美。叶先生特意指导崔济哲背诗，背则熟、背则透，背则诗会走进心中！听叶嘉莹讲诗词的学生成百上千，不乏考进硕士、博士，登上国学讲台的俊才人杰；但，真正听懂、听透叶先生讲课要领的，我首推崔济哲。

读《风从天上来》，凡情与景对话、情景交融、景催情生时，崔济哲都下意识地冒出古诗词来，写草原上枯黄的草与他想象的“碧绿连天”形成反差时，作者想到“草色遥看近却无”，接着抬眼一望天，他解嘲道真个“草枯鹰眼疾”了。两个诗句在此用得恰到好处，形象逼真，用古诗词十分准确形象地概括场景，把读者带到了其境其情之中。11 月，崔济哲到伦敦，他秋访剑桥，伦敦、剑桥的秋“不似春光胜似春光”，我们读者就在这“不似”与“胜似”之间想象吧，伦敦的秋就是与北平的秋极不一样。写到雪，崔济哲马上在散文中给我们吟出“大雪满弓刀”五个字，雪的气势、雪的节奏、雪的音量，飘飘然在文章中放映出来！这都是崔济哲把诗“背”在肚里，把诗“装”在脑里，用古诗词来调节自己的形象观察力与形象描述力的结果。他得益于南开，更得益于叶嘉莹老师。

崔济哲把自己“顽”色的生活转换成美色的散文，始终没有离开过南开园对他的养育、对他的熏陶。在《风从天上来》一书中，作者也是坦然写道：“分明记得上大学时老师讲《水浒传》‘林教头风雪山神庙’，林冲杀了仇人，出庙门投东去了，此时的林冲，施耐庵怎样刻画？老师眼睛一亮，教案一丢，提声讲到，只能用五个字‘那雪下得猛’！这五个字足足讲了一堂课尚未解渴。”艺术就是艺术，“她”是一种震撼你心灵的力量，“她”是一块玉石，投在你的心海，引起共鸣，引起共振，掀起层层波纹，一圈圈地向外荡，荡得很远很久。讲那五个字的是至今还在著书立说的南开大学中文系鲁德才教授，鲁先生是艺术的研究者、发现者，他开掘的“玉石”在崔济哲心海里“震荡”了四十年而历久常新。崔济哲，是艺术的享有者、实践者，他用“那雪下得猛”的艺术力量，写了千万字的精辟的新闻稿和百万字的淳厚的散文。至今，崔济哲成为中国散文界“忆写旧时普通生活”题材的领军人物，他的《走进黑色世界》《旧曲新歌》《清唱》《风从天上来》《又到界桥，又到界桥》《风语・夜话》《最后的狼》《飘雪有韵　远行无声》《陌生人看美国》《闲话帝王》等十几本散文集，无不体现着浓烈的淳厚、沉重、苍雄的风格。

崔济哲，真的是一只从南开园飞起的苍鹰，在天上盘桓，他的眼穿过时间与空间的雾霭，清晰地回眸着自己走过和听过的历史画面：有血光映天的菜市口，有几辈子守在黄土高坡、不识字、只会唱“走西口”的农民，有真情不移、真艺不改的青年知识分子。他盘桓着，离不开场地的一个原点，我想这个原点就是天津，就是南开园。正是从这里出发，崔济哲才有能力把自己普通的生活转换为脍炙人口的文字，他才成为了一个著名记者、著名作家。崔济哲是惦念天津、感恩南开园的，他特意到天津大沽炮台，写下了《苍凉的祭奠》这最能体现《风从天上来》苍凉之意的一文！

是的，崔济哲就是一只从南开园飞起的苍鹰，他除了写下了千万字的真实新闻稿和出版了几百万字的真情散文作品外，还为南开园争得过很大的荣耀。

那是崔济哲同学担任新华通讯社副社长的时候。有一次，他受国务院外事办的邀请，出席朝鲜民主主义人民共和国驻华大使馆在北京人民大会堂举行的“中朝两国建交纪念”宴会。宴会在人民大会堂宴会厅举办，场面隆重，气派非凡，高朋满座。活动由国务院外事办安排，出席该庆祝活动的中方人士，来自外交部、中国人民对外友好协会、中国对外文化交流协会、商务部、文化和旅游部、新华社、教育部国际合作与交流司，还有外交学院朝鲜语教授、东方歌舞团朝鲜语演员，等等，凡是与朝鲜语、朝鲜文化能有一点儿关联的单位、部门都邀请到了。所以，出席该活动的中方人员特别多，各路人才荟萃一堂。

崔济哲是以新华通讯社副社长的身份代表新华社出席这次国家外事活动的，他踏入人民大会堂宴会厅，见到近三十桌宴会席坐满了中朝两国各方面的友好人士。他被礼宾人员引领到主席桌邻近的餐桌旁落座。宴会在友好的气氛中开始，身穿鲜艳的桃红色、翠绿色朝鲜民族服装的女服务员，托着丰盛的、五彩缤纷的朝鲜菜肴，穿越人群把“友谊”送到每一位宾主面前。菜，是朝鲜菜；酒，可是中国的酒！

茶以待客，酒以会友。三杯酒下肚，友谊就来了！

那天，在宴会上，中国方面的国家代表人物是全国人民代表大会常务委员会副委员长热地同志。热地同志是藏族干部，众所周知，他坐在主宾席上，被朝鲜驻华大使玄大使频频敬酒。朝鲜驻华大使馆的玄大使斟满一盅酒，彬彬而站，齐眉而举，用很地道的汉语大声说“朝中两国友谊源远流长……”

朝鲜的玄大使一手拿着酒盅，另一只手舞动起来，脸向着热地同志，一会儿又向着晚宴全场，朗声唱道：“不敬青稞酒呀，不打酥油茶呀，也不献哈——达！唱上一支心中的歌儿，献给亲人热地委员长……”

玄大使以标准的汉语，字正腔圆地唱着这首在中国家喻户晓的歌曲，特别是唱到“亲人”两字时，玄大使特意加重了语气，并拉长了语音，同时又面向着德高望重的热地副委员长做一种恭敬状。热地同志高兴得满面飞红，站起来欠欠身，对朝鲜玄大使表示感谢。

玄大使唱中文歌时，晚宴全场鸦雀无声，大家看到玄大使对中国情况、中国文化、中国语言，掌握得如此熟练，精准透彻，很是敬佩。歌声结束时，全场响起了热烈的掌声。

热烈的、热爆的掌声响过，又是一阵鸦雀无声。这时候，晚宴全场只能听到热地副委员长“干咳”了两声，热地老人心里有些着急，中华民族是最讲究礼貌的，朝鲜的大使有了一份“来礼”，我们在自己的国土上应该有一份“回礼”呀，来而无返非礼也！热地副委员长向朝鲜的玄大使挥挥手，脸上是一番笑容，又带着这笑容向全宴会厅扫了一眼，他希望自己的队伍中有人能站起来也献给朝鲜的玄大使一个精彩的节目，一个体面的“回礼”。

全宴会厅沉浸在观看节目中，只能听到酒瓶碰玻璃杯的声音，许多人用倒酒、喝酒来应对这时候的沉寂。坐在主宾席旁边餐桌上的崔济哲挺胸看了看他熟悉的人群，这些专业人士此时应该出个节目，来回应朝鲜玄大使的献礼。但这些专业人士都没有站起来献上一个恰当的回礼，他们可能还没有想到用什么节目，最能答谢朝鲜玄大使的“唱上一支心中的歌儿，献给亲人热地委员长……”。气氛凝重，礼仪之邦，无礼以回了。热地副委员长又“干咳”了两声。

此时，新华通讯社副社长崔济哲斟满了一杯酒，又招呼服务员用托盘捧上了两杯酒，就起身走向热地副委员长和朝鲜玄大使的餐桌，在热地副委员长和朝鲜玄大使之间停下，也是彬彬而站，也是齐眉而举，微笑着对玄大使说：“我代表热地副委员长和全体中国宾客，向玄大使献上三杯酒。”这时，热地副委员长高兴地看着崔济哲，晚宴全场也停止了推杯换盏，都认真地朝崔济哲这边看来。

崔济哲把酒杯高举过头，朗声说：“这第一杯酒，感谢玄大使对中朝两国人民友谊的礼赞，愿这种友谊万古长青！”说完，崔济哲一饮而尽。

崔济哲又拿起第二杯酒，同样高举过头，激动地说：“这第二杯酒，感谢玄大使对热地老人的祝福，热地老人身体健康，平安长寿！”第二杯酒，崔济哲又一饮见底。

第三杯酒，崔济哲又是高举过头，深情地说：“第三杯酒，我们衷心祝愿朝鲜人民的伟大领袖身体健康、万寿无疆！我代表中国人民献上一首祝福的朝鲜歌曲。”说完，崔济哲把第三杯酒又喝得干干净净。

接着，崔济哲有声有色、有板有眼地唱起来：

翠绿的山岗一望无边
鲜红果实枝头沉呀沉甸甸
枝头结满红苹果摘呀摘不完
欢乐的丰收歌儿飘扬在果园

快快摘呀！快快摘苹果
姑娘们摘苹果笑开颜

敬爱的领袖教导记心上
我们爱惜苹果个个归仓
我们心中牢牢记领袖的教导
精心摘呀精心装呀个个甜又香
……

一开始，是崔济哲一个人唱，他唱得抑扬顿挫、声情并茂，大家熟悉的朝鲜电影《摘苹果的时候》的主题歌曲的优美旋律打动了晚宴全场的每一个人。朝鲜方面的出席者也不由自主地随着崔济哲用朝鲜语唱起了他们“心中的歌”。后来，中国方面的外交学院朝鲜语教授、东方歌舞团朝鲜语演员们也跟着用朝鲜语或汉语唱起了这首献给朝鲜人民友好使者的歌，再后来，其他的出席者也加入了唱这首熟悉歌曲的行列之中。

全宴会厅里，场面热烈、气氛友好，大家都为中朝人民的友谊而高兴、干杯。热地副委员长心满意足，被友好的外交气氛、被醇香的酒陶醉得红光满面，他高兴地伸出手拍拍崔济哲的肩膀，说：“年轻人，好样的！”又与崔济哲握了握手。朝鲜的玄大使更是兴奋地站起来，先与崔济哲紧紧地握了手，又召唤服务员倒了六杯酒，三盅给崔济哲，他则一杯一杯与崔济哲碰杯而饮，以回谢刚才崔济哲对朝鲜人民领袖及朝鲜人民的祝福。

崔济哲不愧是南开园里飞起的苍鹰，他一挥手，又让服务员倒了六杯酒，示意其中三杯递给朝鲜玄大使。玄大使连忙摇摇手，表示自己不敢再喝了。崔济哲看到很友好、深谙中国文化的玄大使酒量已达上限，就用中国人在酒席上很礼貌、很大度的方法对朝鲜玄大使说：“这三杯酒我全喝干，表示对中朝两国人民友谊万古长青的祝愿，您的酒随意。”说完，崔济哲把三杯茅台酒一一高举过头顶，依次喝干，每杯喝完，都把酒杯倒过来向下一亮相，以表示酒干心诚！朝鲜玄大使马上伸出右手，竖起大拇指，表示对新华通讯社副社长崔济哲那诚心诚意的感谢！

崔济哲不愧是一只从南开园飞起的苍鹰。他在国家重要外事活动中，用自己的智慧、自己的知识、自己的才干，为我们国家赢得了荣誉，维护了我们国家礼仪之邦的优良信誉，并且在国家正式宴酒席上，做得大气、体面、礼貌，是个英雄，像个苍鹰。

那次崔济哲同学与热地副委员长近距离接触后，过了很多年，有一次，崔济哲到解放军总医院去看望他的一位朋友——刘少奇同志的儿子刘源将军，崔济哲听说热地老人住在隔壁，就礼貌地去看望热地老人。热地老人看到崔济哲，已经想不起来这位年轻人姓什么，叫什么，但热地老人一看崔济哲那特有的笑容，就想起了那次崔济哲献给朝鲜驻华大使的朝鲜歌曲《摘苹果的姑娘》，想起了那次崔济哲为自己争得了面子。热地副委员长用热情地比画着一个苹果，说：“摘苹果，好样的！”

说到那一次在“朝中友谊宴会”上，崔济哲喝酒是条汉子，是个英雄，是个苍鹰，这是有渊源的，崔济哲同学的父亲，那可是我们国家响当当的白酒研究专家！

济哲同学的父亲崔柏森老人，是参加过“一二·九”运动的北京大学学生，也就是杨沫同志写的长篇小说《青春之歌》中那一群北京大学学生中的一员。北京大学毕业后，崔柏森老人长期从事发酵食品、酒精、白酒的研究及研制工作。1949 年，中华人民共和国刚成立，医学、工业都需要酒精，崔柏森老人就是山东酒精总厂的总工程师。1966 年“文革”爆发前，崔柏森老人是中华人民共和国轻工业部的食品发酵工业研究院的专攻白酒产品的高级工程师。当时，这个食品发酵工业研究院有三位专攻酒类产品的高级工程师，一位专攻发酵酒就是啤酒，一位掌控果酒，主要就是研究葡萄酒，一位是针对蒸馏酒即白酒的专家，研究白酒的这位专家就是崔柏森高级工程师。

知道了崔柏森高级工程师，也就多少能体会崔柏森老先生的长子崔济哲同学的“海量”了。将门之下无犬子，南开园里有苍鹰！

是啊，崔济哲有笔力、有“海量”、有眼光，他下一部散文集或许就将情倾天津、重笔南开园了。

南开园毕业的崔济哲校友，他发表、出版的散文作品有几百万字了，而他在文学上的起步，正是在 1978 年！

南开园里当“记者”

我1978年考入南开大学中文系，走进南开园，第一眼吸引我的，就是马蹄湖里碧绿、鲜美的荷叶，她们有的浮在水面上荡漪，有的探出水面外摇曳，十分地美！

中文系78级同学，大部分是外省市的学生，同学们很希望快一些、多一些了解天津市、认识南开园，所以中文系78级共青团团支部就在11月初组织了去天津南开中学参观周恩来青年时代纪念馆的活动。团支部把这项活动的联络事宜就交给了天津市本市的学生——我。

暮秋初冬的下午，我骑着自行车，出南开园的东门，沿着依傍着卫津河的干净的马路，向北骑去，灿烂的阳光洒在马路上。

1978年的秋天，中国大地慢慢拉开的是改革开放的大幕，南开园外的街道上也是铺洒着“鼓足干劲”的气息，人们憧憬着四个现代化的彩虹会在南开园、天津市，乃至全中国逐步升起。我骑着自行车行驶在南开园外的街道上，能感到路人的目光都不约而同地在我胸前的“南开大学”的校徽上停留。许多人都期盼着南开园奉献出更多的科学技术、文化知识，为祖国的现代化做贡献。

虽然是中文系一年级的学生，但国家与人民这种欣欣向荣的精神面貌，激励着我十分想把这种时代的精神与气息记录下来、描绘出来。我上衣口袋别着的钢笔也似乎在跃跃欲试。写作，成为我当时一种强烈的愿望，同时也是南开园里莘莘学子的共同宏愿。

南开中学坐落在天津市南门外大街的西向，她也是孕育中国新文化的一座摇篮，周恩来、曹禺都在南开中学读过书，他们用白话文、用现代文明戏——话剧宣传了反封建的新思想、新文化。

我骑车从南门外大街西拐，来到了敬仰已久的南开中学，我希望在两个南开之间，寻找一条畅通的路线。我特意掏出钢笔，在小本上画出从南开大学到南开中学的便捷骑行路线，又记下了从南开大学到南开中学的公交车换乘方法，虽然是一个很小的事情，但我真体会到了作为中文系学生，或许毕业后当记者的味道。

南开中学周恩来青年时代纪念馆的老师们，热情地接待了我，他们热情之余也提出了一个要求，希望来参观的中文系的大学生们，参观后留下一些观后感，或写几篇参观所见的纪实。总之，南开中学的老师们希望大学生们承担一些当“记者”的责任，体验一下学习与实习的双重感受。我爽快地答应了南开中学老师们的要求，心想：中文系的大学生早晚也会当记者，有个提前实践的机会是好事。

我在一次写作课刚下课的时候向全班同学讲清了到南开中学骑车或乘车的路线，并转达了南开中学老师请大家当一回记者的愿望。一群未来的记者、一群在南开园做着记者梦的大学生，很愿意尝试一次记者的“实习课”。

下午，又是阳光明媚的下午，中文系的同学们像六十年前参加五四爱国运动的南开先驱们赶赴宣讲会一样朝气蓬勃地来到南开中学的灰楼前，纪念馆的老师高兴地迎接了这批实践“记者”工作的大学生们。站在已经陈旧的木地板上，隔着洁净的玻璃柜，大学生们看到了少年周恩来发奋学习科学知识、积极思索民族命运、关心国家时局变化的一些实物与老照片。

说来也巧，当时应纪念馆的老师们之邀，当场写下只言片语的同学中，恰巧有后来任新华通讯社副社长、中国记者协会常务理事的崔济哲，《光明日报》高级记者韩小蕙，中央人民广播电台驻天津记者站站长郑凯等同学。是不是那一次短短的实习机会，开启了同学们记者生涯的序幕，也只有南开园里的马蹄湖水和南开中学这座灰楼那坚忍不拔的楼尖，才能悟得天机！

我作为这次参观活动的联络员，又是答应南开中学老师写参观所见的纪实的第一人，就特意在参观的时候注意搜集了同学们的感想议论和同学们热议的焦点，然后掏出了事先准备好的纸和笔，真的像一名记者一样，伏在纪念馆的窗台上，像模像样地写下这样几行纪实。

> 在天津市，从八里台的南开大学到西广开的南开中学，这中间有多长的距离？1978年的秋末，南开大学中文系新入学的大学生们，在参观了南开中学周恩来青年时代纪念馆后，给出了不同的答案。有的同学说，从南开园到南开中学，十几里路上，看到了天津人民、中国百姓决心甩掉落后的帽子，迈向经济繁荣、精神高尚社会的信心和意志。有的同学说，从南开中学的灰楼到南开大学的主楼，是漫长的六十年、七十年的历史长河，多少南开先驱为振兴民族、建设美好的祖国，悬梁刺股、凿壁偷光刻苦读书，决心用科学救国，涌现出了大批揭露社会黑暗，号召民众觉醒，要推翻旧社会、建立中华人民共和国的志士，他们勇往直前、前赴后继的事业，告诫我们“任重而道远”。有的同学说，从南开大学到南开中学，感觉很近，南开先驱以民族大义为己任的精神，一直在激励着我们，前辈周恩来的“面壁十年图破壁”的教诲时时在耳畔响起……

匆匆写完，我把这幼稚的不是新闻的新闻稿，交给了南开中学的老师，又像一位记者一样去追赶“前行”的脚步。

脚步咚咚，咚咚脚步。要写的、要记的，真的很多，中文系1978级的同学来到南开中学，尝试了一次作为南开园“记者”的滋味。

我斜挎着背包，像一名记者一样，急匆匆地赶回南开园的时候，自己也没有想到，离南开园里真正的记者越来越近了。

天色完全黑下来了，马蹄湖里的荷，也完全染成了墨色，那荡着涟漪的湖水映照着天上的月，透出微笑的亮光。我赶到坐落在南开园西北角的学三食堂时，灯已关闭了大部分，只有最里面的两盏灯还亮着，灯光笼罩下的，是熟悉的那一群未来将从南开园走出去的“记者”们，同班同学们在用搪瓷饭盆盛着热面片汤吃着，同时在议论着今天下午到南开中学参观的所见所闻。

中文系 1978 级的班级生活委员韩小蕙同学走过来说：“婴戈，同学们陆陆续续从南开中学回到南开园的时候，已经错过了学三食堂开饭的时间，但是，同学们大部分都是外省市刚入校的新同学，不知道到哪里还能解决吃晚饭的事情，我就请食堂的师傅们‘挖掘’一下潜力。学三食堂的师傅们了解了情况后，二话没说，挽起袖子和面，捅开灶膛升火，专门为我们做了一餐热面片汤。”

韩小蕙一边吃着面片汤，一边对我说：“你是这次班里参观活动的组织者、联络员，你就干脆负责写一篇表扬信，送给学三食堂的师傅们吧！”真庆幸班里有这样细致入微的生活委员。

韩小蕙既是班里的生活委员，又是已经在《北京文学》杂志上发表了很多作品的小有名气的“女才子”，我当然愿意接受这位“领导”的工作布置，就从韩小蕙手里接过一张大红纸，又想方设法地找来了毛笔和墨汁。回到宿舍，我草拟了一封表扬信，改了删，删了改，为的是写满一张大红纸，既说明前因后果，又体现对食堂师傅们的真诚感谢。最后，我又特意请班里毛笔楷书写得颇好的孟昭连同学，誊写在大红纸上。

转天，我约了韩小蕙，共同把这鲜红的感谢信贴在学三食堂大门前很显眼的地方，就是这张鲜红的表扬信，使我成了南开园里名副其实的学生记者。

红色的表扬信贴在学三食堂大门前不久的一天中午，正是学三食堂熙熙攘攘、人声鼎沸的时候，一位记者模样的老师在人群中找到了我。她说明自己是南开大学宣传部下属的《南开大学报》的记者，《南开大学报》希望我将了解的事情的前前后后，写成一篇新闻稿，刊登出去。这份《南开大学报》是“文革”结束后，南开大学新刊的一份报道校园生活、服务校园学习的校内报纸。记者老师给了我一份新印行的《南开大学报》，让我依照小报的版面、文稿，写成一稿，然后说明了《南开大学报》的办公地点，希望我快些写出稿件。

我在当天用了所有的课余时间，写下一篇《一碗温暖人心的热面片汤》的通讯稿，送到《南开大学报》的办公室。主编刘老师，透过眼镜看着我，为培养年轻人，刘老师热情邀请我做《南开大学报》的通讯员，让我成为一名南开园里的“记者”。

为《南开大学报》写新闻稿时的作者

过了一周，《南开大学报》刊登了我所写的“热面片汤”的小文。我也开始履行作为南开园里“记者”的职责，每周领取二十份《南开大学报》，然后一份一份送到中文系1978级同学的每一个宿舍里，送给女生的报纸，就在上课时交给女生宿舍的代表。

同时，我也陆陆续续为校内的《南开大学报》、南开大学广播站写了一些反映大学生学习、生活的新闻稿。在南开园里当“记者”，确实锻炼了我观察生活、关心同学、关注社会、关爱集体的好品德。养成勤动笔、动好笔的优良习惯，有两个人对我的启发和促进是不能忘怀的。这两位朋友，一位是比我年长近二十岁的时任南开大学校团委书记的赵耀民老师，另一位是当时连二十岁都不到的中文系1977级同学杨建平。

赵耀民老师，是南开大学中文系20世纪60年代的学生，正经是我的大师兄，毕业留校做校团委和学生宣传工作。有一次，《南开大学报》组织全校各系各班通讯员培训会，赵耀民老师到场讲了一番话，使我终身受益。

赵老师结合自己的体会和他所观察的实际，对年轻的大学生们说：“勤动笔、动好笔，是对人的一生和对国家社会都功德无量的好事。我举一个咱们南开园里真实的事例，来说明写作有多么重要与伟大的意义。大家都知道，咱们南开园里有许多很有建树的学者与科学家，单说数学系里就有两位勤奋的数学家。一位是胡国定教授，他是我国最早开拓Shannon信息论研究领域的学术领导人之一，尤其在‘信息的度量’‘Shannon的通信模型与编码的基本定理’‘Shannon信息论中的正、反定理’与‘Shannon理论的现实意义与应用范围’等领域做出了重大贡献。这些成果在国际上受到高度评价，被称为‘胡国定定理’。但是，胡教授不擅长写文章，较少用通俗的文章形式宣传‘信息论’，那么，我们普通人就较少了解‘信息论’和胡国定教授。再说，另一位数学家王梓坤教授，他研究的是概率论。概率论是很专业的数学领域，但王梓坤教授很喜欢写小文章，1977年以后，王梓坤教授就在《天津日报》上连续发表普及数学科学、宣传概率论的科普文章，使很多普通的读者知道了概率论，认识了王梓坤。王梓坤就是靠写作，就是靠写科普文章，让很多普通百姓了解了科学家在做什么，科学与老百姓有多么重要的关系。由于王梓坤教授勤于写作，国家聘请王梓坤教授担任了北京师范大学的校长，从我们南开园走出去了一位数学家出身的大学校长。”

赵耀民老师这番话，有情有理、有根有据，说明了写作的重要性，说明了在南开园当“记者”是有意义、有必要、有发展、有收获的！

杨建平同学，是南开大学中文系1977级班集体中年龄最小的同学，1978年春，由北京市来到南开园读书。建平同学年龄小，但志气大，在中文系读书，他愿意为班集体做些实事，也希望在写作方面锻炼自己，在这个愿望的促使下，杨建平成为77级班集体在《南开大学报》的通讯员。杨建平和我，凡是有南开大学校宣传部组织的活动，就总是搭伴而行，在聆听赵耀民老师那番话的会场上，杨建平也是和我并肩而坐的。几十年后，两位好朋友相见，还说到那一次赵耀民老师鼓励我们在南开园当“记者”的往事。

我从南开园毕业后，大部分时间是当大学老师，跟书籍打交道的时间最多，只是在写作能力上，与记者的职业较接近。杨建平走出南开园，回到北京，不久到了北京城的中心——中南海工作。建平刚进入中南海，是在中共中央书记处当秘书。中共中央书记处的工作是要接触社会上的各方面、各领域，而杨建平最熟悉的行业就是新闻媒体，与新闻媒体的同志接触或接洽工作时，杨建平总会想起自己在南开园当“记者”的岁月。虽然，在南开园里当“记者”只是业余的，只是关照中文系里自己班级的星星点点，只是记写自己所能捕捉到的、所能采集的、所能涵盖的动态的瞬间和静态的空间，但南开园里当“记者”的那一页纸、那一支笔，锻炼了建平同学观察事物、搜集信息、概括资料的能力。

从南开园的“记者”到中南海的秘书，杨建平把自己的工作“日志”谱写得题目明确、导语清晰、主题突出、观点鲜明、结尾味浓。杨建平把自己在中南海的工作“写”成了一篇精彩的、华美的、厚重的“新闻稿”！

提起精彩的、厚重的新闻稿，我们不由会想起1963年前后，《人民日报》《解放军报》《光明日报》共同在头版头条刊登的新闻稿《县委书记的好榜样——焦裕禄》，该新闻稿又由中央人民广播电台最富有激情的播音员方明同志声情并茂地在黄金时间播送出来。一时间，神州大地回荡着焦裕禄同志忍着肝痛、咬着牙关访贫问苦的脚步声和焦裕禄脱掉上衣、带头治沙栽树的挖坑声。写出这样有深情、有实情的新闻稿的记者，是新华社的穆青同志等几位“真记者”“大记者”们。说来也巧，二十年后，正是穆青同志培养、提拔了在南开园里也受过“记者”锻炼的崔济哲同学。崔济哲是南开园中文系1978级的学生，与我同班同窗。1982年，崔济哲从南开园毕业，就到新华通讯社当了一名最基层的记者。在南开园，崔济哲已经是一名最勤奋的学生“记者”了。从同学们之间互相帮助、借书借衣、送医送药，到班集体为国内受灾受难的地区捐款捐物，崔济哲都写过一些通讯报道，投在校内报纸及南开大学广播站。崔济哲同学毕业后，当新华社记者的第一课，就是在洪洞县经受考验和“修理”。1985年，国家重点工程南同蒲铁路复线从洪洞县穿过，这引发了当地一些农民明里暗里要敲国家重点工程的“竹杠”的情况。崔济哲带着在南开园里当“记者”的认真、热情、严谨、求实，深入到阻碍国家重点工程最严重的地方，采写最真实的情况，反映最基层的面貌，记录最本质的缘由，他遭受到了与臭虫、跳蚤睡在一块床板上，连吃四十顿熬南瓜的“款待”。新华社记者的第一课，崔济哲是依靠在南开园里当“记者”的基础，才闯过去的！崔济哲经受住了考验，崔济哲合格了，他撰写的数篇新华社内参受到中央领导同志的好评，新华社配发的评论《不许敲国家重点工程的竹杠》成为当时舆论的中心。由此，全国各地都纷纷整肃国家重点工程的施工环境，国家重点工程得以“千里江陵一日还”地推进。风起于青蘋之末，不许敲国家重点工程竹杠的舆论兴起，确实得力于这位曾在南开园里当“记者”的崔济哲。因为，济哲同学一贯秉承南开园的“允公允能 日新月异”校训，一贯坚持南开园求实务实、认真严谨的作风，又一贯落实在写实之时灌注饱满情感的文风，崔济哲的新闻稿很受新华社老领导穆青同志等的好评，后来崔济哲被提拔到新华通讯社社领导的岗位工作，又担任了中国记者协会的副主席。在南开园里当“记者”的崔济哲，最终成长为国家一名响当当的大记者。崔济哲，也永远感谢在南开园里当“记者”的那些日子！

作为新华通讯社的社领导，崔济哲也时常与在中南海里工作的杨建平同学联系，因为杨建平又被中共中央指派给中共中央书记处负责意识形态领域、新闻媒体、舆论宣传的书记处书记当秘书，两位曾在南开园里当“记者”的南开同学，又共同关心着中国记者领域的大事。

2012年，是中国在“文革”后恢复高考而入大学的1977级、1978级大学生毕业三十周年的日子，全国许多大学都在这一年举行了1977级、1978级大学生毕业三十周年庆，南开大学也不例外，为这样的日子召开了隆重的纪念大会。在这次会议上，三十年前在南开园里当“记者”的崔济哲、杨建平和我相聚一堂了，我们饶有兴致地谈论起三十年前学生时代的“风华正茂”，回味那“指点江山”的激情，最让我们记忆犹新的则是在南开园里当“记者”的那些“激扬文字”。我们不约而同地回想起那一次南开大学举行的全校春季运动会，那一次，南开园里“记者”们的笔最繁忙，“记者”们的腿付出了比运动员的腿还大的运动量。

那是1980年的5月，南开大学为了贯彻“德智体”全面发展的教育方针，特意用一整天举办了全校师生运动会，运动会还专门在南开园南面的天津体育运动学校的多功能运动场举行。这次运动会，可以说是在1960年“度荒”“度灾”以来，南开大学举办的规模最大、规格最高、规范最严、规划最全的运动会，全校上下都十分重视，除了学校的体育运动教研室非常忙碌，学校的宣传部门也特别重视，特意组织了南开园里“记者”们的动员会，要求各系各班的“记者”们一定在这次运动会的前前后后详细报道，宣传自己身边的师生们投入这次运动会的积极态度、认真举动和动人事迹。我和杨建平作为《南开大学报》与南开大学广播站的“记者”都参加了这次动员会，我们与全校通讯员们都做好了准备，为这次里程碑式的运动会做最尽责尽力的宣传报道工作。

南开园的5月，湛蓝的天像水洗过一般清新，旭日东升，照耀着花坛里的玫瑰花，微风掠过，把馥郁的玫瑰花香散满了整个南开园。南开园的莘莘学子，谁能获得一朵朵玫瑰花和一面面奖状，就看青春健儿们，谁能够把体能发挥得更充分了。常年俯首书桌的南开园的师生们，要活动活动筋骨，在运动场上一试身手了！

我和杨建平商量好，一定要把中文系师生参加运动会的良好精神面貌、积极的态度和值得称赞的运动成绩，宣传出去、报道清楚，让整个南开园知道中文系是个优秀的集体。我们带好了纸和笔，向运动场出发了，向一个高点走去了！

南开大学具有里程碑意义的全校运动会，在一个整整齐齐、红旗招展的仪仗队通过主席台后，开始了。现场广播站的大喇叭在播送了校长的致辞之后，第一篇广播稿是这样播送的：“来自中文系报道，中文系两位七十多岁的老教授也欣然参加了今天的运动会，他们坐在特意为参加这次运动会而买来的‘马扎’上，谈笑风生。‘马扎，在秦汉时称为胡床，是得胜者才有资格坐的。今天我们中文系的运动员得奖了，我就让给运动员坐这马扎。’老教授的鼓励，使中文系上上下下热情洋溢，中文系的运动员们摩拳擦掌，一定会取得好的运动成绩。”

运动场上，化学系、物理系、经济系，这些人数多、阵容大的院系很轻松地就取得了很好的运动成绩。中文系多是一些“书生”，或可以说，是一些喜欢钻“故纸堆”的师生，运动场上的运动成绩乏善可陈。比如，我自己参加的800米赛跑的状况是，比同场竞技的运动员落后了30米之多，如鲁迅先生所言：“优胜者固然可敬，但那虽然落后而仍非跑至终点不止的竞技者，和见了这样竞技者而肃然不笑的看客，乃正是中国将来的脊梁。”之后我就被同学们善意地解嘲为“脊梁式的人物”，而800米冲刺下来，我直感到“脊梁确凉”。

运动场上的中文系同学充满了欢声笑语。中文系1978级的身高1.88米的体育委员罗更前，是南开大学男子篮球队的队长，在运动会赛场上，他不是篮球场上的前锋，而是报名了跳高、跳远等多项田径项目，把他的身高优势充分发挥出来，为中文系多争取一些荣誉。体育委员罗更前以身作则，让更多同学投身到体育活动中，增强体质。这样的表现，很快也通过我和杨建平的笔，从运动场广播站的高音喇叭中广播出来了。

中文系在这次运动会上，名声响亮的，不是运动成绩，而是及时的、生动的、丰富的、活泼的新闻报道稿件，现场广播站广播的新闻稿一半都来自中文系。

夕阳的余晖为运动场铺上一层金黄色的地毯，观众和运动员们迈着疲乏的双腿走回南开园，而我和杨建平，感觉最疲劳的是双手，我俩早上带去的厚厚的白纸已所剩无几。我们坐在小木凳上，垫着自己的双膝，已记不清今天写了多少新闻稿了。总之，从中文系的观众阵营到运动会现场广播站，我俩在这条路上开辟了一条“新闻报道的田径跑道”。

后来，这条“新闻报道的跑道”上奔跑了许多南开大学中文系的毕业生，如新华社的崔济哲、孙宁海、林楠、罗更前、庄建民、郭献文，光明日报的韩小蕙、方正辉，香港文汇报的王树成，中国青年报的刘武、孙梅，等等。南开大学中文系的毕业生能在中国“新闻报道的跑道”上跑出好成绩，做出大贡献，这其中的缘由或许与南开大学常常召开全校运动会有关呢！

南开园里当“记者”，开启了我和杨建平一生“秉笔直书”的命运，也为国家、社会锻造了一批“指点江山、激扬文字”的豪情书生。“遥想公瑾当年，小乔初嫁了，雄姿英发”，沧海桑田，不变的，磨灭不掉的，就有南开园里当“记者”所受的磨炼……

南开园里侯大师

侯宝林先生，是相声艺术大师，家喻户晓。侯先生是中央广播说唱团的演员，他住在北京，说一口地道的北京话，他又是怎么来到南开园里的呢？这里可有段鲜为人知的故事。

先说说我们这些南开大学中文系 1978 级的学生保留的一份侯宝林先生给我们当学生时所办刊物的投稿吧。这篇文章足以证明侯大师不但是相声艺术表演家，而且是中国曲艺理论的研究家和教育家。这样一份中国曲艺发展史上鲜为人知的“文献”，却是在 2016 年 2 月 28 日因中国曲艺理论家薛宝琨先生的逝世，才又重新“横空出世”、惊艳登场的，让我们认识了侯宝林先生登台嘴里说的是相声，下台心里想的是整个中国民间文学和中国曲艺这绚烂的牡丹！

谷雨之后，牡丹绽放，但牡丹的孕蕊、结蕾早在雨水节气就默默萌发了。丙申年的雨水节气时，南开大学文学院教授、中国曲艺理论界的大师薛宝琨先生病逝，使得这一年的雨水显得格外伤感。夜阑人静，我噙着泪为自己的老师写一些祭奠的文字，这过程中就引出了侯宝林先生的那篇文章。

我们南开大学中文系 1978 级是薛宝琨先生第一批学生。1980 年下半学期，薛先生以他从 1961 年大学毕业后进入中央广播说唱团参与曲艺创作、研究，到 1972 年调入南开大学古典文学教研室研究文学理论的近二十年的学术积淀，为我们开设了“中国民间文学沿革与探微”的选修课。这门课程的开设，在当时中国大学校园里犹如早春二月蜡梅香，薛先生讲课平易近人，很接“地气”，很快就引起了学生们的共鸣，薛先生非常高兴。

薛先生的“中国民间文学研究”选修课，后来成为南开大学文学院的保留课程。薛先生还请了曲艺演员马志明到课堂上表演一些曲艺剧种，自己再口头讲解曲艺剧种的内质，课程教学是相当生动的。说起来，薛宝琨先生一生最珍惜的师生情谊和最寄予厚望的就是我们中文系1978级的班集体！我们与薛先生有一个学术纽带，就是我们班创立了一份关于民间文学的学生学术刊物，这份刊物创立在1981年春，它的顾问就是薛宝琨老师。

在为这份学生刊物取名时，南开大学中文系的学生表现出“雄姿英发”的意气，取“春芽”者有之、献“热土”者有之，都体现了要献身中国曲艺理论研究和抢救中国民间文学的“青春朝气”，大有“踏破贺兰山缺”的雄心。因为那时，我们听薛先生的课，实实在在地感到灿烂的唐诗宋词、辉煌的古典小说戏曲，根基就是民间文学，母体就是中国曲艺，对“根基”研究缺失，对文学的认识就缺乏整体性，有一种只看花儿枝头俏，忽视森林绿环境的片面性。这份学生刊物，从组稿、编辑，到版面设计、刻印，所有的工序都是我们班一些对民间文学、曲艺有热情的同学自己来做的，所以，出版一期刊物我们十分吃力。从1981年春到1982年夏我们大学毕业，这个刊物一共出版了三期，三十五个春秋过去了，

当年的“恰同学少年”如今大都是花甲之人。在共同缅怀薛宝琨老师的时候，同学们把所有与薛先生有关的往事都钩沉出来了。有很珍惜那段跟着薛先生走近“中国民间文学”的同学居然翻出了当年的学生刊物，这刊物的名称就像我们这些大学生一样平凡，她就叫《民间》。

南开大学中文系的学生刊物《民间》，1981 年春第一期的创刊词的后面，就是侯宝林先生写来的文章。薛宝琨老师在中央广播说唱团工作时，看到了侯宝林先生由对相声的热爱扩展到对整个中国曲艺的关心，薛老师把自己第一批学生办了一个学生学术刊物的事告诉了侯宝林，侯先生就欣喜地为这个学生刊物投来了撰稿《在学习中成长》。其文不长，但内容极丰，侯先生是这样写的：

> 过去在中国有一种偏见：只看得起作家文学，而瞧不上民间的东西。好像我搞了莎士比亚，我就是莎士比亚；你搞了“数来宝”，你就是要饭的一样。其实，“学问”二字广泛得很，主要还是看你搞得出搞不出东西来。中国的民间文学还是一片荒原，以往的工作虽然很有成绩，但还停留在一般材料的搜集、整理阶段，也还有很多材料并没有搜集上来，已经搜集的也有受当时种种政治气候的影响，不够真实、全面的；更不要说认真地探讨研究了。现在好了，这几年人们开始重视民间的东西，有了种种社团组织，也有一些书籍出版，但，工作进展得不快，主要是没有发动更多人参加。你想，中国那么大，有多少民间艺术形式！别的我不清楚，只曲艺一类就三百多种；戏曲就更多了。有很多曲种、剧种处在自生自灭的状态，有很多艺人没有把他们的宝贵经验留下来，就与世长辞了，这是很可惜的。民间的东西，文献上记载不多，艺人的材料很宝贵。比如“诸宫调”都说它已经消

逝了，但是，头二十年我在四川听过，现在，恐怕那些人早就不在了。因此，南开大学中文系同学自己办这么一个刊物，我很高兴，坚决支持！愿意为你们鞍前马后做我所能做的工作。

我希望刊物办得活一点，内容宽一点，研究方法多一点。“活”就是不要那么学究气，非得有所谓“学术价值”“理论体系”才发表。三言两语、一得之见也可；一知半解，提出问题也可。“宽”就是要从实际出发，而不要从概念出发。以往有关民间文学的“范围”界限是很不清楚的，我看，只要是老百姓喜闻乐见的文艺形式都可以研究，民俗的也应该研究。“多”是指方法：描写的、历史的、比较的都可以采用；实实在在的材料也是学问，有时比空发议论更有历史价值。

好了！祝贺你们！希望你们在学习中成长！

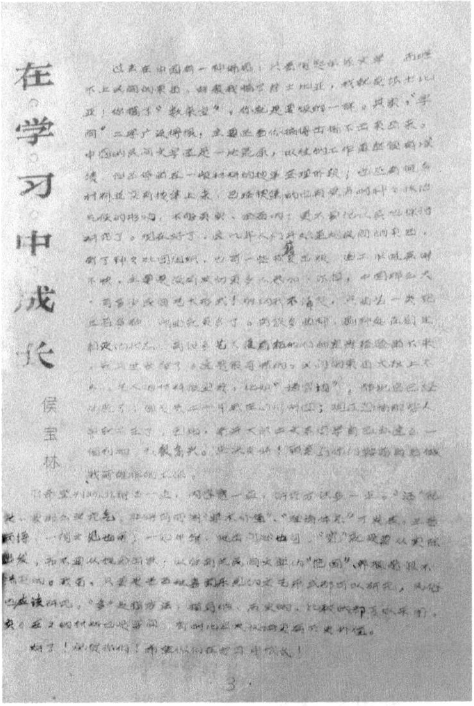
在学习中成长

侯宝林

《民间》第一期中侯宝林先生的文章

中国曲艺大师侯宝林，在此文开端，就表现了一种纯然的学者见识。因为在国际学术界，以作者名称命名的学术园地就有研究莎士比亚的“莎学”，侯宝林恰恰以“莎学”举例，不要以为你搞了高雅的“莎学”，就可以成为莎士比亚了。“艺术面前，人人平等！”这是侯宝林最基本的艺术立场，这与薛宝琨先生在大学课堂上一再为我们传授的“没有高低之分的艺术，只有高低之分的对待艺术的态度”的学术观点是如出一辙的！可见，大师们的思想观念是统一的。

接着，侯宝林先生指出，1981 年的“中国的民间文学还是一片荒原”，以老曲艺家的眼界说出在中国学术界也是“登高山之巅而知四海”的见识，实属不易。当然，到了 2018 年，我们还不能说中国民间文学的研究已经是繁花似锦的花园了，搞民间文学研究，我们要有一种面对“荒原”的紧迫感。可喜的是，党的十八大、十九大把“提高我们民族的文化建设”提到了一个新的高度。曲艺，是民族文化的基础！

之后，侯老师又具体罗列了当时中国曲艺研究的状况：一、停留在一般材料的搜集、整理阶段；二、已经搜集的曲艺界资料也受当时种种政治气候的影响，不够真实、全面；三、仅仅掌握了资料，还没有利用资料“认真地探讨研究”；四、中国曲艺研究“工作进展得不快，主要是没有发动更多人参加”。这四种情况，就是 1981 年对中国曲艺研究现状的一种概括，侯老师用一种长者、师者的语言对我们这些大学生娓娓道出。您说，侯宝林仅仅是曲艺演员吗？不是的，他已然是个文化学者了，他在以一个学者的角度为大学生、为全体国人讲解保护我们民族文化的任务有多么艰巨！

接着，侯先生提出了中国曲艺迫切需要做的工作，就是抢救传统曲艺，抢救民间文学。

中央电视台常播一个公益广告:“地球上每天都可能减少一个物种。”那么，每个月，我们中国就可能减少一个曲种，包括曲艺和戏曲的曲种！这是多么严酷与危险的事情啊！曲艺，是口头文学，一个曲种消亡了，即使有书籍和文字记载，也很难还原这个曲种的原貌。抢救传统曲艺要做的工作是大量的，联合国教科文组织历来呼吁保护文化遗产。民间文学和曲艺的出现，是人类文明发展的见证，任凭曲种的消亡，就像人类在浪费水、石油、矿产等物质资源一样，同样也是不可原谅。1981 年，侯先生已经在疾呼："艺人的材料很宝贵！"他举了一个实例："'诸宫调'，都说它已经消逝了，但头二十年我在四川听过，现在，恐怕那些人早就不在了。"说到这些紧要的话题，侯先生说了一段十分令人感动的话："南开大学中文系同学自己办这么一个刊物"，我"愿意为你们鞍前马后做我所能做的工作"!这是一位老艺术家，也是一位对中国曲艺的历史地位、文化价值有清醒认识的老者的肺腑之言。至今读到，也不禁让人肃然起敬，倍受鼓舞，为了中国曲艺的传承，侯宝林大师情愿为青年大学生们"鞍前马后"，这是多么可贵的高风亮节啊！侯先生丝毫没有考虑个人的地位，他想的完全是中国曲艺千年百年的文化价值！

接着，侯先生又具体向我们提出了三点希望："刊物办得活一点，内容宽一点，研究方法多一点。"这三点，是侯先生深思熟虑以后说出的，并且，显然不仅仅是对我们大学生，而是对全国曲艺研究界的三点希望，这三点希望提得很实际，也很实在。

第一，侯先生希望，曲艺研究形式不要拘泥，要活泼、要有生气、要有感就发。曲艺，本身就是民间的东西，是由百姓在生产、生活中自发创造出来的。比如，侯先生把走街串巷、挑担叫卖的小商贩的吆喝声提炼出来，创作成为一部相声作品。曲艺，本身就是从百姓生活中的"生动活泼"创作出来的，曲艺评论、曲艺研究也要活泼生动。侯先生提倡"一得之见""一知半解"都可以去展开曲艺研究，未必要像个学究，正襟危坐、泥塑木雕一样。曲艺研究，注重一个“活”字，三言两语、活灵活现、一针见血，只要把曲艺的本质抓住了，就可以。把曲艺研究也搞得像曲艺创作一样，近民意、接“地气”，这是侯先生希望的曲艺研究的面貌。

第二，侯先生希望，曲艺研究内容要“宽泛”，“只要是老百姓喜闻乐见的文艺形式都可以研究”，这句话说得太实在了。把侯先生这句话展开说，就是搜集、研究、评论曲艺的眼光要十分“宽”，不但要注意在舞台上“大红大紫”的，已经比较出名、成熟、完美的曲艺作品和演员，更要去发现、挖掘、注意活跃在民间的，流行在百姓口头的，“初露头角”的曲艺“春芽”和民间文学。在侯先生这样的鼓励下，当年我们南开大学中文系学生的刊物《民间》就刊登了津冀农村百姓盖新房、“上”房梁常流行的《喜歌》，也就是鲁迅先生所说的，文学的起源，就是“假如那时大家抬木头，都觉得吃力了，却想不到发表，其中有一个叫道‘杭育杭育’，那么，这就是创作”那一原则。侯宝林老师所说的“宽”，既有理论意义，又有深远的现实意义。

第三，侯先生希望，曲艺研究方法要“多样”，溯源探微历史性的，比较文学现代性的，赞扬肯定、批评指正，哪怕仅仅是搜集材料、抄录内容也是研究曲艺，也是做学问！侯先生虽然是个从“撂场子”练起来的相声演员，但他的进步就在于他不仅仅着眼于他的相声，还能考虑中国曲艺的全盘，他是站在曲艺研究这个学术高度来写这篇文章的。侯先生曾经被北京大学中文系聘为客座教授，又是北京语言学会的顾问，但侯先生本人在这次为南开大学中文系学生自办“学习、研究曲艺”的学生刊物写稿时，已经把自己看作是“南开人”了。他没有一点儿架子，完全为中国曲艺研究的起步、为中国曲艺研究的未来而高兴。大学生，代表着一个社会的未来，侯先生完全懂得！

四十年过去了，在南开园里，我们这份学生刊物也已经纸张泛黄，但，今天读读侯宝林先生为我们所撰的文章，却依然觉得新鲜如春花，遥想侯先生当年高兴地为我们“落笔生花”，真是“落红不是无情物，化作春泥更护花”。南开园里姹紫嫣红的花丛里，我们至今也依稀可以看到曲艺演员侯大师的身影……

南开园里戴校徽

我是在1978年7月参加“文革”后第一次全国统一高考，而走进南开园的。当我把那枚白底红字的“南开大学”校徽别在胸前的时候，我眼中的白底红字，渐渐地、渐渐地变为“黑龙江大学”几个字，那枚白底红字的校徽在我脑际的深处是那样清晰、明亮，又是那样诱人！

那枚白底红字的“黑龙江大学”校徽，是我在哈尔滨松花江畔的防洪纪念碑前看到而深刻在心的。

那时，我只是黑龙江生产建设兵团二十九团的一名不满二十岁的知识青年。我要从渤海之滨的天津市回到我生产连队的土坯房，必须在哈尔滨市换乘火车，中转换车的空隙间，在此地举目无亲的我，只能跑到松花江边来消磨时光，我也借此认识了这座曾有“东方莫斯科”之称的北国之都。

“文化大革命”期间的哈尔滨，一片灰蒙与萧瑟，“三大动力”工厂区烟尘缭绕，给美丽的城市上空抹上了一层蒙蒙的灰色，就连正午的太阳也是灰白灰白的，好似一张营养不良的婴孩的脸……在那个特定年代里极具特色的每人每月半斤的油票，在这里你也只能买到四两豆油，营养不良的男女老少们又都只能穿着蓝色、灰色的服装，整个城市是那样沉闷。我伏在滚滚东去的松花江畔的堤栏上，看着浑浊的一江秋水离开了色彩斑斓的夏日，无声地向远方流去，心底不禁一阵苍凉，嘴里默念起鲁迅先生作品中的句子：“苍黄的天底下，远近横着几个萧索的荒村，没有一些活气。”那时，我能读到的书，只有鲁迅先生的作品，读得多了也便记住了其中的句子，也只有读这些作品时，我的心底才有一丝快活。

正在我为这“无边落木萧萧下”的秋意伤感的时候，旁边却有三位青年女子在大发赞赏，她们指着远处的跨江铁桥说：“真好看，我们就把这铁桥作背景，站在这儿照相吧。”她们环顾了一下周围，看样子觉得我是个闲人，就对我说：“请帮忙，给我们照个相吧。”对我说话的这三位与我年龄相仿的女青年，从她们的装束与衣着上看，应该是来自农村的姑娘。她们朴素的装扮和朴实的语言，和与我在农村生产连队一同锄草割豆的乡下姑娘没有什么两样，我也没有更多地去打量她们，只是接过她们递过来的照相机，帮她们照相。

我接过来的是“文革”时期中国老百姓常用的120相机，那种相机要捧在胸前，低下头从取景器中瞄准被拍摄的对象并迅速按下快门。当我从相机取景器瞄准那三位女青年时，她们灰色的、蓝色的衣服的胸前各自佩戴着的一枚白色胸徽一下子吸引了我。我迅速调整了光圈与焦距，想更清楚地看清那白色胸徽上的红字，因为那红字我已经看到有“某某大学”的字样。就是这几个字，让我精神一振，“大学”，我多么渴望的地方！为了能更准确地看清“某某大学”的字样，我抬起头，特意用眼睛径直去仔细打量那三位刚才我还不以为然的姑娘和她们胸前的校徽。现在，我倒觉得她们与众不同了，她们胸前戴着的这枚大学校徽，为三个普通的农村姑娘的头上冠上了美丽的光环。虽然在“文革”时期，她们还有一个“革命”的名称——“工农兵学员”，但她们毕竟是大学生，让我羡慕不已的大学生！我几乎是用贪婪的目光紧盯这三位姑娘胸前的校徽了，白底红字，“黑龙江大学”几个字灼烧着我的眼睛！这，就是让我羡慕不已的，我所在的省份——黑龙江的最高学府了。

“黑龙江大学”，她们是中文系的学生吗？因为我的父亲是天津人民出版社的编辑，我从小是在八个装满图书的纸箱支起来的一块床板上睡大的，所以我对中文系情有独钟。但是，当时我只是一个下放到边疆的城市知识青年，并且是知识青年中年龄最小、文化最低、体质最弱的那一个，我与眼前三位黑龙江大学的学生们相比，真是天壤之别，我有什么资格与人家搭讪呢？所以，我又对了对焦距，使她们胸前的校徽更清晰、更明亮、更美丽，就这样按下了相机的快门……

我羡慕眼前这三位姑娘，刚才我还颇看不上眼的三个农村姑娘，是她们胸前的校徽，让我尊重了她们，愿意多看她们，羡慕她们。其实，我羡慕的、向往的，就是她们的大学——黑龙江大学！

从此，黑龙江大学，黑龙江大学中文系，就在我心里立下一块“标牌”，那是神圣的地方，是知识的殿堂，是我心中的圣地！那次，我带着从哈尔滨松花江畔的防洪纪念碑前获得不可磨灭的“黑龙江大学”的记忆与印象，回到建设兵团生产连队的土坯房。大学与土坯房之间的反差，激励我一定要向大学“靠近”，向黑

1974 年作者作为黑龙江生产建设兵团战士在哈尔滨松花江边抗洪纪念碑前留影

龙江大学迈进，哪怕崇山峻岭，哪怕水阔浪急！向着自己的理想、梦想进发，再苦再累，也是甜的！

1978 年，我站在天津南开园马蹄湖畔了，离开了白山黑水，告别了“漫山遍野的大豆高粱”，但也把自己的青春年华留在了北大荒。我能把南开大学的校徽戴在自己胸前，我应该感谢同是知识青年的张大哥，是他给我讲解一元二次方程和三角函数，而张大哥恰恰考进了我在心里、梦里牵挂的黑龙江大学，而且与我一样，同是中文系的学生。

就是从 1978 年的秋天，那个满载收获的季节，我同张大哥开始了“海河与松花江”之间的鱼雁往来，书信频传。我们互相交流的有学习的课程知识，同学们热爱的作家作品，新的学术研究方法，当然也有社会热议的话题，或者可以称为“愤青们”天真的理想主义的想法。总之，因为我们是在一个土坯房同睡过一条大土炕的战友，是在一座大森林里同抬一棵伐倒了的松木的搭档，我们的交谈是无拘无束的，是畅所欲言的，是广泛深入的。

在与张大哥这样真诚、真挚的交流中，我深切地感受到张大哥和他身边的从黑龙江泥泞的土地上锤炼出来的大学生，确实有很明显的特色和不可替代的历史特征。时光掠过三十年，岁月跨过四十载，那段曾经轰轰烈烈、牵动千家万户的运动，永远定格在中国历史上最动荡、最荒诞的岁月里。

“文化大革命”使得本来在教室里读书的全国不可胜计的大学生、中学生们突然被煽动起来了，处于那个极易冲动的年龄段的青年们真的以为“要砸烂一个旧世界，建立无产阶级新世界”了，他们批斗老师、批斗校长，冲向社会“闹起革命”。经过几年折腾，中国经济濒临崩溃的边缘，国家没办法安排上上下下共十届的大学、中学的学生们去就业，去应该去的工作岗位。当有人提出：“知识青年到农村去接受贫下中农再教育很有必要。”学生们就这样到了本不需要城市学生的广大农村。黑龙江原有的农场改称为生产建设兵团，接受了北京、上海、天津三大城市为主的，还有黑龙江本省、浙江省等数也数不清的城市青年。

这批青年，在中华人民共和国历史上恰恰成了一串鲜明的“历史的符号”。首先，他们是共和国的同龄人，牵着五星红旗一角长大的人；然后，他们是“文化大革命”中的“红卫兵”“革命小将”；再就是，上山下乡的知识青年。粉碎“四人帮”，他们是推动科学技术是生产力、建设现代化、奔小康的主力军；进入21世纪，他们是社会的“火车头”、领头羊，甚至是领导者；到了2013年，中国面临老龄化这一社会现象，当年的青年正是构成这个社会的“新老人”。

长江一浪推一浪，本文所写的一代青年，历史注定他们就是要充任中华人民共和国成立之后历史大戏的主要演员，他们在风华正茂的年龄或发自内心地歌唱，或激昂慷慨地朗诵，实际上都是对推进历史发展的一种生命的抒发。在历史的大幕下，他们应该得到掌声吗？这里记述的一幕幕，都是真实的、朴实的、滚烫的。

1978年作者在南开园朗诵

“文化大革命”的浪涛恰巧把中国很多大城市的朝气蓬勃的中学生，“冲击”到黑龙江广袤的土地上去劳作。八年积淀、八年沉凝、八年卧薪尝胆，能坚持读书与写作的青年定是好样的，当然读书范围仅限于马、恩、列、斯、毛的著作，1973年印刷的《鲁迅小说诗歌散文选》和范文澜的《中国通史简编》

等。写作文体多是大批判稿、抓革命促生产的通讯稿，以及充满豪言壮语的诗歌。这些青年保持了对文化的热爱，他们的青春火焰和在文化上的孜孜追求，引起了黑龙江建设兵团有识之士的注意，于是他们在佳木斯的兵团总部组织了几届创作与写作的培训班。

培训班请来了黑龙江省作协的作家、省报的编辑，当然也有黑龙江大学文、史、哲专业的老师。总之，在黑龙江能请到的名人、能人，培训班都请来了，自然就培训了一批精锐青年。这批青年就像撒在北大荒肥沃田头的向日葵种子一样，在黑龙江的各个地方成长着，他们同样都朝着一个方向——太阳升起的地方。

1977 年恢复高考，曾经在佳木斯黑龙江建设兵团总部参加过培训班的青年们填写的高考志愿，不约而同都是黑龙江大学中文系。果然，1978 年的黑龙江大学中文系考进的两届新生中有四分之一是兵团培训班的老朋友。生源就是质量，黑龙江大学中文系不敢说是中国大专院校的尖端院系，但 1978 年，黑龙江大学中文系就这样招收进中国很精锐的一批学生。

1978 年黑龙江大学中文系的那两届大学生，他们经过了 1966 年以前大城市中学正规的读书学习，经受了天翻地覆的“文化大革命”的洗礼，经历了农村广阔天地的劳动锻炼和社会体验，黑龙江大学中文系 1978 年的大学生，在全国高校中，是有着这样的鲜明特征的。当这些青年中的一些人集中在一起读大学时，很快就表现出对自己亲身经历的历史的深刻反思和对中国社会发展热情的期待。正巧，这批青年又逢国家批判“两个凡是”和展开“实践是检验真理的唯一标准”的讨论，他们的思想解放之火慢慢地炽热起来，这火焰也通过张大哥与我的邮件往来，燃进了南开园。

1979 年的春天，“日长风暖柳青青，北雁归飞入窅冥。岳阳城上闻吹笛，能使春心满洞庭”。一些当过“红卫兵”、又当过兵团知青的黑龙江大学中文系的学生们率先“吹起岳阳城上笛”，他们成立了一个学生社团“大道文学社”，正是取“行大道”之意。他们鲜明地提出“文学直击现实”“作品反思历史”的观点，同时，也把这些思想观点付诸在文学创作实践中。

1979 年，那个春天，有不少类似春雷一般的思想杂谈、文学创作从全国许多高校涌进了南开园，在南开园的学生宿舍中流传。因为 1978 年，在中国教育史上产生了十分独特的一年内有两届大学生同时入校的状况，也使得 1978 年入校的大学生既是学习者，又是思考者，他们把“直率的、新萌的”思想在各校之间传播，恐怕是当时大学生的一个特色。

周日，我摘下校徽，把衣服泡进脸盆正准备洗一洗过往的灰尘，我接到了从黑龙江大学寄来的邮件。我迫不及待地打开，在床沿上一坐就是三个小时。我读到的小说叫《雪夜中的生命》，写的是一名上海的女知青冬梅，她爸爸是作家巴金同志器重、培养的中年作家，女知青的出身当然就是“黑五类、黑作家”了，她在上海受尽了排挤、侮辱，她为了表现自己不是“狗崽子”，积极争取到黑龙江来接受贫下中农再教育。在北大荒，冬梅挑选了最繁忙、最孤独的工作——放羊，她就睡在羊圈的小屋里，看守着国家的财产。傍晚，羊归圈，一只小羊未归，冬梅返回原路寻找，遇到老乡都劝冬梅回房间，说今夜有暴风雪。但小羊是国家的财产，冬梅还是走向山脚下。当冬梅在一个土窝里找到小羊时，暴风雪也来了，冬梅抱着小羊躲避暴风雪，引来了一条饥饿、受伤的狼，狼为了生存要吃冬梅的羊，冬梅为了保护羊，与狼搏斗、对峙，暴风雪则要吞掉土窝里的三条生命。冬梅有放弃小羊爬出土窝跑回房屋里的机会，但为了国家财产，为了表现自己与“资产阶级黑作家”的爸爸划清了界线，自己接受了贫下中农再教育，她就在雪夜中与狼对峙着。两天后，生产连队的人马在大土窝旁找到冬梅，看到的是冬梅抱着小羊，旁边是受伤的狼，同时冻死的三个“塑像”。生产连队的指导员大声号召：向冬梅同志用生命保护国家财产的事迹与精神学习。但朴实的老乡低声说了一句：“一只羊，就是人间一盆菜，值得用一条年轻的人命去换吗？”

小说结束了，但我呆呆地看着那油印的刊物，久久不能让自己平静下来。对人的生命价值的思考，对像冬梅那样普通生命价值的判断，对像冬梅这样“可以教育好的子女”生命分量的衡量，这是当时黑龙江大学中文系的同学们传递到我们南开园的一个硕大的、沉重的问号！在“文化大革命”中，在刚刚粉碎“四人帮”后，那是多么难以回答的问题啊！以至于，我在 2013 年 4 月 20 日，听到时任国务院总理的李克强在四川芦山地震后几个小时赶到芦山县现场斩钉截铁地说：“灾难面前，第一个任务是抢救人的生命！”我以为这位北京大学 1978 年入校的法律系的学生李克强就是在明确、精炼地回答黑龙江大学的同学在 1978 年末提出的问题。

看到我坐在床边，手里拿着大学生的刊物，呆呆发愣的样子，同宿舍的南开学子们围拢来瞧我手里的油印刊物，很快，他们就传阅起这本杂志。一石激起千层浪，一场关于重新认识人的生命与国家财产、集体利益关系的讨论在南开园老一宿舍展开了，青年学生们仗义执言，各抒己见，几乎开展的是一番人性论的探讨，并且抛弃了资产阶级人性论的指责，大胆直言，人性论无阶级。

这篇《雪夜中的生命》，从我的手往南开园里传阅，又从南开园流传到南方的一些大专院校。不久，在南开园，中文系的大学生们又读到了来自四川大学中文系的同学写的小说《长长的国境线》。小说讲的是在中苏边境和平共处的时候，两国边防军战士往往隔着国境线互相问候，互通姓名，友好相处。某一天，上级下达了两国在国境线交火的命令，军人们开始互相射击。对方的战士负伤了，我方的军人将其救护下来，给这位原本熟识的青年人包扎、治伤。中方的这位战士马上遭到批评，乃至批判，说是阶级立场不坚定，敌我不分，被开除军籍，而苏军战士因忧郁而亡。

小说结尾是，中方被脱去军服的战士，目送苏军战士的遗体被担架移送过“长长的国境线”，交还给苏军方面。阴沉的云彩，飘下淅淅沥沥的秋雨，只有苏军战士曾经递过来的小花，还在大地上开着，任凭风雨的洗礼……

一篇《雪夜中的生命》，一部《长长的国境线》，在思想解放初期的南开园，曾经掀起过波澜壮阔的“千层浪”。那些在北大荒黑土地上，或者云南西双版纳密林中，流过血、流过汗，也流过泪的老知青们，在大学的校园里冷静地思索着他们与祖国共同经历过的伤痕。

1981 年南开大学校学生会的学生干部们大部分都把校徽戴在胸前

历史锤炼了一代青年，1978 年 12 月 18 日召开的中国共产党十一届三中全会，造就了 1978 年考入大学校门的两届大学生对国家昨天与明天的深刻、理性化的思考。大江东去，弹指一挥间，四十年了，那一代大学生已经肩负起国家最繁重的担子，他们继往开来，要开启中国现代化建设的下一个进程。这历史的跨越，正源于一个很小的细节——

在大学校园，别在胸前一枚小小的校徽，或者就是在南开园里佩戴的校徽。

南开园里“纯爷们儿”

南开园里有许多学生，男学生用英文称为“boy student”，女学生用英文表示是“girl student”。如今的男学生和女学生，在二十三岁都基本上要离开南开园了，21世纪的毕业生们大多数会戴上学位帽照一张毕业留影，恋恋不舍地告别南开园，嘴里还会不断地念叨“南开、南开，难以离开”，然后，踏上人生的新旅途。而我记写的这位同学，却是在二十三岁刚刚走进南开园，但他说话的嗓音一点儿也听不出来是二十出头的年轻人的声音，那种沙哑、沧桑的语音，很容易让人感觉到是四十多岁的“大老爷们儿”的嗓音；但说人家是“大老爷们儿”又实在对人家大不敬，好在这位同学心胸较宽，有着十足的“爷们儿”范儿。他不会在意别人怎样称呼他，他就是他自己，一位实实在在的南开大学1978级的大学生。

他考进南开大学是在1978年的7月，中国结束“十年内乱”第一次组织全国统一高考，拟定全国统一试卷，他冒着酷暑，从考生众多的北京考区以优异成绩考入南开大学中文系。他在1978年的国庆节刚过，走进南开园，正好是二十三周岁，但在1978级南开大学中文系的班集体里，他可能还属于“小字辈”，说得上是“老字辈”的同学，年龄都快接近三十三岁了。这里写到的这位同学虽然年龄不大，但“党龄”却很长，他十几岁上了北京市公安学校，毕业后在北京市公安系统工作，作为首都民警，他可是见多识广，可惜他近视，早早地戴上了一副宽边、笨重的眼镜，没有机会保卫在“党中央”的周围，没有立过什么“几等功”之类的，但靠拢组织、听党的话，使他很年轻就成了学生党员。细细算来，他二十三岁时，已经有四分之一的生命是党的人了。

他，是我的一位同班同学，而且是交往普通、关系平淡的一位同学，我与他没有进行过什么推心置腹的交谈，我们之间也没有发生过什么侠肝义胆的互助，我们更没有过生死与共、赴汤蹈火的壮举。虽然，这位同学与我同样姓周，但我们从来没像鲁迅先生《阿Q正传》中的阿Q与赵四老爷那样，很快就在族谱上找到了自己的位置和彼此的联系。这位周科进同学的周与我的姓氏肯定要上溯到五百年以前，才能找到一丝瓜葛。周科进，我的一位同班同学，分别四十年了，回想起在南开园的生活，他留给我的印象，就像一片刚刚降下的、平坦的、玉洁的白雪上留下的第一行清楚的、坚实的、鲜明的脚印，印象深刻；也似一个苏格兰风笛手吹着欢快的、悠扬的笛声，引着一个牧羊的少年赶着自己的羊群迎着晚霞轻快地跟着风笛手走回他们的村庄一样，自然而又明晰，他所有的影像都可以用一个形象来概括——“爷们儿”！我不由得不写他……

“爷们儿”这个词，在20世纪80年代是使用频率很少的词，它多少有些不文雅，只有北京城里四合院的旗人们在表达某人像个男人时，喜欢用亲近的、爽快的语调喊一句：“爷们儿！”出了北京城，你很少听到这句京腔京调、带有八旗遗韵的北京土语。周科进不是什么八旗子弟，他家上数八辈儿也与满城的皇亲国戚沾不上一点儿边，只不过，周科进生在北京，长在北京，他对北京土语是熟悉的，但在北京市公安系统工作了多年的周科进一般都是讲普通话，没有北京土语的口音，更不用北京土语的词汇。

说来也巧，在一次上英语基础课时，周科进却堂而皇之，又十分生动形象地用了一次“爷们儿”这词，但听到他讲这词的可能只有我一人，他这“爷们儿”用得好，我记了四十年。

我们当时用的是北京外国语学院（今北京外国语大学）编的*College English*的英文教材，里面的课文大多数是英语国家的原作，英文很是地道，翻译成中文，要好好掂量，下点儿功夫，才能翻译得十分妥帖。有一篇课文大约写的是底特律汽车制造工厂几位不同年龄的工人的故事，其中有一位人物称呼另一位工人“the man”。老师除了教我们中文系的英语基础课，还教我们同届的哲学系同学，英文老师已经让哲学系的“思想家”们结合课文的语言环境理解过这句“the man”的中文意思了，可能英文老师觉得中文系的“语言学家”们应该有更高明、更出色的翻译或理解，就特意让我们班的同学来充分、自由、创造性地翻译一下这句英语。

得到英文老师的这一安排，班里听课的这些未来的“汉语言学家、文学家”们开始活跃起来，纷纷举手回答翻译。有人说“嘿，小伙子”，有人翻译成“你这男人”，有同学认为表达为“伙计”这两个汉字就很好，有人理解为“兄弟”或“哥们儿”。但是，这些翻译可能在哲学系的教学课堂上已经都翻译过了，表达清楚了，教课的英文老师想听听中文系的同学们还有什么更高明、更形象的翻译，就继续让我们这些学生充分发表看法，一时教学气氛十分热烈，学生们都努力思索更创新的理解与翻译。周科进正巧坐在我的左侧，他读中学时，基本是“文革”时期，英文课学得很少。因为英语基础差，我俩都属于在英文课上坐得靠后，生怕被老师叫起来回答问题的学生，只是一边听同学们此起彼伏、争先恐后的发言，一边又认真读课文的原作，结合上下文来理解这句“the man”。突然，科进同学扭过脸，对着我说：“婴戈，我翻译成‘爷们儿’，你看怎么样？”科进说这句“爷们儿”时，北京土音很重，本来这词汇就是一句北京土语，他采用时也免不了很重的北京土音。我一听这种翻译，中文的语意或语色是十分浓厚了，但这词汇太生僻了，也太土气了，就一个劲儿地乐，没有表态。科进对自己的翻译十分得意，又连续拍着书本说：“嘿，这翻译得有味道呢。”不过，当时的周科进也觉得这个译文太“中国化”“北京化”了，地方色彩太浓，他也不好意思举手，站起来大声公布自己的翻译，只是对我一再表示自己的翻译很有特色，很新颖。周科进拍着英文课本，右手的大拇指翘起，微微向外撇着，那种得意扬扬的样子，四十年了我依然记得清清楚楚。“爷们儿”，周科进的一句“爷们儿”，从此就在我的记忆中留下了深深的痕迹。

南开大学中文系 1978 级三位同学，周科进（左）、周灵科（中）和作者在南开大学老图书馆前合影

周科进说过“爷们儿”的话，也做过“爷们儿”的事。那是

1979年的上半学期，初夏的暖意使得“乳鸭池塘水浅深，熟梅天气半阴晴。东园载酒西园醉，摘尽枇杷一树金”。住在南开园对面那些高高矮矮的楼房里的少女们或许在甜甜的一场午睡之后，正“懒起画蛾眉，弄妆梳洗迟”，而南开园第一宿舍二楼正中的房间里，正在进行一场“革命”，一场关于头发的革命。当然，这场头发的革命，不是鲁迅先生的文学作品中细细描写的《头发的故事》，不是为了顺应社会的变革，一定要除掉的“男人的辫子”，而仅仅是为了顺应天气的变暖，要把头发全剃光。周科进当时的“剃发宣言”就是：把总是要洗头发的时间省下来，多读些书，多看些资料，把大学四年的学习时间最充分地运用起来。这个寝室的楼下是一层的进楼门洞，所以，位于二楼的寝室有大约五六十平方米，住着十六位同学，是南开大学中文系1978级班集体里最大的家庭。在周科进“剃发宣言”的鼓动下和周科进率先剃光了自己头发的示范下，全寝室的头发革命如“星星之火”蔓延开来了。这个星期天的上午，全寝室竟添了八个“亮闪闪”的明灯。

更明达、更明快、更明畅的“宣言”是在转天的早晨，十八岁的同室小同学，要去教室上课，而且是与上一届的1977级中文系同学一起听课，整个大教室里将有一百四十位同学一起听课，如果顶着“明晃晃”的秃头走进教室，总会招来许许多多不同目光的扫视。两位十八岁的同室的小同学不敢“亮”着光头去上课了，找了一顶布帽子歪歪扭扭戴上，接着又有两位二十八岁的睡对面的同学也找了帽子扭扭歪歪地扣在脑袋上。这时，周科进昂起了自己的光头，大声说：“既然为了挤出更多的时间去读书学习，才把头发剃光，何必扭扭捏捏的，大男人应该有点儿男人的气概，光头还怕同学们笑话，还怕女生们笑话吗？我就这样去听课，而且坐在前排，让老师觉得他是先生，我一身洁白，正是学生。”说完，科进夹着老师的讲义和自己的笔记，顶着光头，戴着深色的眼镜走向主楼的大阶梯教室里去了。我看到周科进的一言一行，很佩服他，觉得科进同学真有男子汉气概，是个爷们儿！

周科进第一个顶着光头走进大教室去听课了，很有男子汉气概的体育委员罗更前也顶着“明灯”去上课。一时间，南开园里很惹眼的是中文系 1978 级里有一批男生剃光了头发，挤出时间多读书。四十年后，南开园中文系 1978 级果然有不少男生很有作为：“明灯”罗更前在新华社当了三十多年的摄影记者，又在中国摄影家协会担任多年的副主席，与担任中国摄影家协会主席的邵华女士做过搭档；“光头”之一的张卫后来担任中央电视台电影频道的《中国电影报道》的制片人；当年费力找了帽子戴上才敢上课的小光头钱跃华是安徽省外事办公室的负责人；当然周科进同学本人也很有出息，而且依然坦荡荡，“不以物喜，不以己悲”，不计较职位高低，不在意名声大小，即便“光”到底了，依然能顶着光头“昂首行于闹肆中”。

周科进 1982 年从南开园毕业，分配到新华通讯社北京分社，当年，南开园中文系 1978 级只有五名党员学生，周科进是党支部书记，他被分配到新华通讯社北京分社，是有南开园的些许愿望的。几十年过去了，同班同学有的已在新华通讯社总社任副社长了，而周科进还是“头光光”的，不过这并没影响周科进认真工作、清白做人。终于，中共北京市委顺应网络的发展、利用网络传播的迅捷、便捷，开设了千龙新闻网。这是由北京日报、北京晚报、北京人民广播电台、北京电视台、北京青年报、北京晨报、北京现代商报、北京广播电视报等北京主要传媒共同发起和创办的国内一家综合性新闻网站，也是北京地区较大较有影响力的门户网站。在走入南开园之前，周科进在北京市公安局系统工作；走出南开园后，周科进在新华社北京分社上班。周科进在北京千龙网成立伊始，就被北京市领导选中，让科进挑战“网络新闻宣传”这个新事物，让周科进担任了北京千龙新闻网络传播有限责任公司总裁。

2004 年 11 月 8 日，由江西省委宣传部承办的“第四届中国网络媒体论坛”上，中共中央外宣办、国务院新闻办负责人做了主题报告，人民日报社的人民网、新华通讯社的新华网、外宣办的中国网等的总裁们都在会议上做了业务专题的演讲，周科进代表北京千龙新闻网络做了《抢占移动互联网舆论宣传的制高点》的专题演讲。当了千龙新闻网总裁的周科进是很有机会再大力发展、推进自己的仕途的，仅仅在这次会议上，中央外宣办、国务院新闻办的负责人就十分看重周科进的演讲，因为科进同学的稿子明显地带有南开园的学术风气：立论新颖、尖锐，论据翔实、充分、扎实，引入恰当准确，源出标明清楚明了，论证由浅入深、层层递进、设问反诘、举例标新、从容坦明、说理深细。全体与会者对周科进的发言都印象极好极佳，许多兄弟单位的领导都纷纷索要周科进的演讲稿。而周科进自己则深深体味到是在南开园学习、训练、培养的四年，才让自己走上工作岗位后，能够为国家服务、为社会奉献得心应手、驾轻就熟的。

在南开园的学习、读书的经历给每一位南开毕业的同学，都奠定了坚实的腾飞基础和广阔的发展空间。

对于周科进来说，又特别有天时地利人和的大好进步机会。千龙新闻网是直属北京市委宣传部的，作为总裁的周科进无论以“汇报工作”，还是“请领导视察”的理由，都可以很亲近地接触到各级领导。但周科进并没有弹奏对自己晋升大有用途的“琴弦”，而是依然把注意力放在本职工作上。他觉得自己是凭能力工作、凭本事吃饭，本分做事、本分做人，不必去费尽心思“走上层路线”，或钻营结党，像晚唐才子李商隐夹在“牛李党争”的夹缝中，左右为难，进退皆艰，最后抑郁伤感，压抑才干。

周科进最终还是像在南开园当学生时一样，剃了光头“明坦坦”，挺胸昂头，平视光明，不怀个人之念。所以，也就“君子坦荡荡”，眼睛向前，而不是眼光向上。这里，还有段有趣的故事。

21世纪以来，中国人“称兄道弟”“结识人脉”成为潮流，一句时髦的话就是“咱们吃个饭”。饭局上，很多事都可以谈，很多事也都可以办。饭局，离不开饮酒，茅台、五粮液、泸州老窖等名酒在饭局上都大受追捧，“贵州茅台”股票在中国股市上是唯一到了百元股价、冲击千元股价的股票，茅台酒受追捧的热度可想而知。所以，在有头有脸的饭局上，摆上来的不是茅台，就是五粮液，可周科进却很另类，他喜欢喝的却不是这种豪华酒，而是北京城里老百姓常常喝的那种牛栏山二锅头。

喜欢喝什么酒，只是很小的个人的事。茅台、五粮液口味美、酒质好、价格贵，是明摆着的，但从“酒”的角度可以看出周科进的眼睛不是盯着“高端”，不是眼光向上，而是视线向下，目光投向“底层”。那种北京城里老百姓喝得最多的绿瓶子的二锅头，在21世纪的市场里，也就三十元一瓶，生产这种酒的上市公司的股票价格，最高都没有摸到四十元，连“贵州茅台”的十分之一都不到。端着这种酒瓶子，能上“台面“吗？

周科进久居京城，又是千龙新闻网的总裁，他对中国这种酒文化当然心知肚明，但周科进不想钻营，不想攀“上”，他觉得喝二锅头接地气，心里踏实。他深爱着皇城根脚下老百姓身上的百姓味儿。这里的百姓看惯了满朝大臣、皇亲国戚的朝臣夕囚的命运跌宕，也见识过金银玛瑙、珍珠翡翠这些稀罕物件，他们知道知足常乐、明哲保身的长久，喝点儿二锅头，不奢华、不摆谱，寻个平安、求个安逸，是北京城里大多数百姓的人生哲学。周科进也信奉着这种理念。周科进觉得手端牛栏山二锅头，脚踏北京城的土地，心里踏实。京腔就说成是“踏——实”，“踏”字读得重，拉长腔，读上滑音“踏——”，“实”字读成下滑音，短促又麻溜儿。这一京腔京调“踏——实”，让周科进又“踏实”

了一次。

周科进在北京市委宣传部下属的千龙新闻网总裁的黑皮椅子坐着，兢兢业业、踏踏实实地做着门户网站应该做的工作。下班回家，也就是喝两口北京牛栏山二锅头，心里觉得挺“踏——实”。周科进“踏——实”了，可有人就不想让他“踏——实”。一家大的网络公司看上了千龙网的影响力，合并了千龙网。千龙网的大股东换了，业务还是没变，但总裁的人选当然是大股东说了算。就像经营文化用品的亚马逊网站看上了卖书的当当网，“亚马逊”就必然想要来收购“当当”，道理是一样的。千龙网的总裁位置换新人，原来的总裁就旁边“踏——实”去了。

周科进就是不争名利，哪儿能“踏实”就哪儿“踏实”。大不了瓶装的“牛栏山”，换成散装的二锅头，没有什么能难得了英雄汉的。

2014 年夏天，我们这帮“纯爷们儿”都盯着电视里精彩纷呈的巴西世界杯足球赛。最后一场德国队与阿根廷队拼杀冠军的决赛，中央电视台是在北京时间凌晨现场直播，我上好了闹钟，准时在凌晨打开了电视机。绿茵场上九十分钟的攻防转换，你来我往，双方队员都踢得积极又谨慎，因为足球场上只有冠军的位置，没有亚军的奖杯。足球，就是一种“爷们儿”们玩的游戏，淘汰赛只能打胜，不能平局。九十分钟的剑拔弩张，没有分出胜负，比赛进入了加时赛阶段。德国队新换上场的队员格策在禁区线附近，一个胸部停球，连贯抽射，皮球入网，格策是个“爷们儿”，我打开窗帘，天已大亮，世界杯的冠军诞生了。

绿茵场上一帮“爷们儿”的较量，使我很想与周科进聊聊，于是我就背上一个双肩包，还像当年在南开园读书时一样，风风火火、朝气蓬勃地登上了天津开往北京的火车。见到周科进，我们在小饭馆的木桌两边坐下，打开了一瓶牛栏山二锅头，聊起了十几岁、二十几岁、三十几岁的往事。周科进对我说，他十几岁就已经是学生党员了，参加工作，“文革”期间在北京公安系统当干警，忽上忽下、飘忽不定的人事命运，真是看得多了。周科进在北京公安学校读书时的老师，曾对周科进谆谆教导：千万别去出风头、赶潮流，就本本分分做好本职工作，公安工作有自身的本质和规律，做任何事都不要离开公安工作自身本质，否则会葬送自己的。周科进北京公安学校的老师都是首都老公安，他们见多识广，又希望自己的学生安安稳稳度过一生，才如此恳切地对周科进说这番话。周科进是个好学生，他把北京公安学校老师的话，记了一辈子，本本分分做了一个北京城里的普通“爷们儿”。

相比之下一些没有听过北京公安学校老师的话，或者听过自己公安学校老师的这样一番话，又不以为然的干警们，没有多久就自己扇自己嘴巴了。只有老老实实地为人民群众着想，才会安稳一生。

回头再看我的大学同学周科进，不为名诱，不为利惑，安安稳稳做个“纯爷们儿”，守着一份南开园的本色。这不值得写一写吗？

南开园里秋荷艳

国内大学的校园亦是一道道亮丽的风景线。如，武汉大学的樱花，远近闻名，每当樱花烂漫的时节，一定是“望去确也像绯红的轻云”,花下也缺不了成群结队的前来赏花的校内人士和各界市民。北京大学校园里那依傍着未名湖的博雅塔，晚霞余晖中，好似塔身上涂了一层金粉，若在未名湖湖面的涟漪中寻找博雅塔的光影，或许可见海市蜃楼的绚丽。清华大学有清代皇家园林留下的“两湖一河”，即水木清华荷花池、近春园荷塘和万泉河。朱自清教授的名篇《荷塘月色》中的荷塘是指近春园荷塘:“月光如流水一般，静静地泻在这一片叶子和花上。薄薄的青雾浮起在荷塘里。叶子和花仿佛在牛乳中洗过一样；又像笼着轻纱的梦。”近春园荷塘岛上建有“荷塘月色亭”以资纪念，亭内有朱自清先生手迹。但许多人常将“水木清华”处的荷塘误认为是《荷塘月色》中的荷塘，这也是“清华园佳话”之一：“两处荷塘争月色”。

南开园的荷塘，是面积不大的马蹄湖怀抱着的荷塘：夏日里，碧绿硕大的荷叶上嬉戏着晶莹剔透的水珠，水珠仿佛是从盛开的洁白如玉、粉红似锦的荷花瓣上滴落下来的，阳光给予了这荷塘“怒放的生命”。

如果说，清华的荷塘，美在月色之朦胧；那么，南开的荷塘，就美在艳阳之璀璨。

而我喜欢的南开园的荷又不是“接天莲叶无穷碧，映日荷花别样红”的六月之荷，而是“三秋庭绿尽迎霜，唯有荷花守红死”的九月之荷。三秋的荷在演绎一种坚韧的精神，在诠释一个坚强的生命。这种虽弱小，但毕竟是敢于歌唱的晚荷，我觉得更有“未霜杨柳秋犹碧，既雨芙蓉晚更明”的高洁。

我所忆念的同学，也是幼时的伙伴——何燕，又何尝不是高洁与坚韧呢？

我一生交往的同学，只有两个阶段的：一是小学阶段，二是大学阶段。我没读过中学，没有那种青春年少、情窦初开、朦胧隐约的羞涩浪漫，我本该在读中学的年龄，遇上“文革”，成了黑龙江生产建设兵团一个年龄很小的战士，在田野里锄地。

1978 年，我考进南开大学，同班同学的年龄，从大到小，有的差一倍之多。有三十二岁的为人父母的老成者，也有十六岁从没离开过父母的花季少年。我当时二十五岁，是班里的中坚，同龄人少，我颇感“三间茅屋无人到，十里松荫独自游”的空寂。面对黑板听课，我总是想起小时候的伙伴和同学，年龄相当，青梅竹马，那可爱之风总是让我回味。

我庆幸自己有一个十分美好、温馨的童年与少年的生活环境，那个地方在天津被称为“五大道”。

“五大道”，去过天津的人都知道。那是围绕着民园体育场的五条“原租界地”的街道，最初在这里盖起的，是几个外国列强的民族建筑，有日式、法式、德式的，葡萄牙、西班牙的；这些楼房和这些街道见证了天津乃至中国近现代的历史沧桑……月光依旧，楼宇依然，“五大道”这位世纪老人，以她丰富的文化内涵和多彩的建筑容貌，现已成为天津市文化旅游的著名景点。可是，我对五大道的记忆，不仅是这里典雅的艺术风情，更是一些鲜活的、生动的同学、伙伴们的面容，这些面容几乎伴随着我成长，后来在南开园里，也有我这些小伙伴的面容与身影。

1980 年，熟悉的“五大道”的孩子们在南开大学老图书馆门前合影

说起小伙伴，那一定是天津市和平区第二幼儿园的小朋友。我在那里上了三年，小伙伴们有转走的，也有新来的，现在能记得很清楚的是其中两位小朋友。一位是睫毛长长的、眼睛水汪汪的女孩子，她会唱戏，节日里，老师把她打扮成一个舞台上的人物，绿绿的水裤、红红的披肩，煞是好看；她唱的什么戏，我那时不知道，后来还是不清楚，依稀记得她耍着两把剑，可能唱的是《白蛇传》。她叫何燕，她家就住在我们幼儿园所在的很安静的里弄里。另一位也是眼睛水汪汪会唱戏的女孩子；她唱的什么戏，我依然记不清，倒是记得她家可是正儿八经“洪洞县”的山西人。

与幼儿园这些小伙伴相识相处的年龄是三岁到六岁的人生阶段，用“两小无猜”来形容是再合适不过的了。

何燕和我童年的那些小伙伴，就是我最初的相知相交。我离开和平区第二幼儿园以后，到离家很近的天津市和平区常德道小学读书，何燕则到干部子女较多的天津市实验小学读书。我们有时会在那“五大道”洋槐树撒落细细的洁白的槐树花的人行道上碰到，见了面我俩仿佛就有说不完的话。

我问她：“你们学校算数教到第几单元了？”

她问我：“你现在在几楼上课？”

我答她：“二楼。”

她问我：“谁跟你坐同桌？”

我答她："刘佳呀。"

她问我："刘佳？男孩还是女孩？"

我答她："女孩呀。"

她不说话了，眼睛里闪闪的、有水亮亮的东西。她说："那，我也到你们学校去读书。"

我答她："那好呀，我们可以下课见面，一起玩了。"

她说了："不，我要跟你坐同桌呀！"小燕似乎很坚定。

我答她："坐同桌，那要老师说了算呀。"

何燕又不说话了，她知道我刚才说的话是事实，小学生的同桌是班主任老师安排的。她忽闪忽闪的大眼睛里飘过一丝失望，但是还很愿意靠近我，她坚持说："我有许多好看的小人儿书呢，就是连环图画，很有意思的。还有《十万个为什么》那书你看了吗？"

何燕说到《十万个为什么》一书，可真让我心向往之了。我所在的班集体也有一个流动图书箱，我们班上课时，就放在黑板靠窗户一侧的角上，放学后就由图书管理员薛桐同学放在自行车后座上驮回家，凡是封面卷边的图书，薛桐都会在家里用牛皮纸包好再写上书名。《十万个为什么》那本书，已经换过多次牛皮纸的封皮了，我只被允许借到手里看了两天，科技的揭秘、未来的遐想、有趣的故事，太吸引我了，我真想捧着这本《十万个为什么》看上十二天。现在，听何燕说她家里有《十万个为什么》和许多小人儿书，我太想去她家了，于是，我俩约定星期天写完作业的下午，我到她家去看小人儿书。

星期天的下午，"五大道"上一些漂亮的别墅的外墙上，垂挂着一串串漂亮的紫藤花，暗香浮动。我到了原本就熟悉的那条桂林路上桂林里的里弄，何燕的父母很热情地招待我这个他们女儿请来的小客人，他们给我水果让我吃。何燕并没有急于把那些图书宝贝们搬出来，而是打开了一架黑亮亮的钢琴的琴盖，在雪

白的琴键上很熟练地弹了一曲《快乐的节日》

小鸟在前面带路，
风啊吹向我们，
我们像春天一样，
来到花园里，来到草地上。
鲜艳的红领巾，
美丽的衣裳，
像许多花儿开放。
跳啊跳啊跳啊，
……

听到这在学校里常常唱起的歌曲和何燕灵巧的小手在键盘上弹出的美丽的曲调，我情不自禁地跟着琴声唱起了这支当时儿童们都熟悉也喜爱的歌儿，小燕也一边弹琴一边和着我唱起这支歌。两个孩子，一个稚嫩的男童声、一个甜美的女孩声，忘情地唱着，真好像我们已经来到了“花园里、草地上”。

何燕和我，唱了一支又一支歌。唱累了，我们就开始并排坐着看连环图画，我拿起的一本是《森林中的三个小矮人》，看到书里的后妈对漂亮继女的嫉妒，处处想陷害继女，我很生气，就对何燕说：“嫉妒真是毒药。”小燕把脸凑过来，也来看我手中的书，她脸上的香气扑到我的鼻孔里。

我们再次共同翻开一册书，是二十年后的事了。在南开园里，一个偶然的机会，我居然在马蹄湖畔碰到了何燕，我是凭着记忆中她那大大的眼睛认出她的。我贸然又急迫地喊了一声：“何燕！”她只愣了一秒钟，就脱口叫我“婴戈”！

我们面对着一池荷花坐在一条石凳上，还是并排而坐，就像二十年的光阴不曾度过一样。何燕告诉我 1972 年到 1975 年她在南开大学物理系读书，是三年大专，1979 年她考取了旁边天津大学的研究生，今天她从天津大学到南开大学来看望教过她课的老师，没想到碰到了我，真使她喜出望外。

从此，我们就经常在南开园里的荷塘旁见面聊天，几年里，我们看遍了南开园里“荷叶初开犹半卷，荷花欲拆犹微绽”的荷花初放，以及“芙蓉湖上芙蓉花，秋风未落如朝霞”的满池艳荷。遗憾的是，我俩所学的专业差别很大，几次我们在南开园里见面，所谈的都是小时候的事情。我在天津市和平区常德道小学读到六年级，我最强的功课是数学，要不是“文化大革命”停止了上课升学，我也会上物理系或数学系的，我这个没有读过中学的知识青年能在 1978 年考进南开大学，也是由于在常德道小学打下了很好的数学基础。而现在面对着何燕这位理工科的研究生，我的自然科学知识就相差太远了，我与何燕谈大学里的事情就显得左支右绌、捉襟见肘了。后来我们从经常在南开园马蹄湖畔见面聊天儿到见面频率越来越低，逢到期末，各自备战考试，我们大约一个月也不见面。1979 年到 1982 年，我和何燕的联系方式就是见面，那时候没有手机，更没有微信，但只要南开园里有什么重要的活动，我都会跑去通知何燕这位在南开园里读书学习过的女生，何燕也会很高兴地挽着我的手出现在南开园。在南开园，我们一同听过很精彩的讲座像《芭蕾在新时代文化中的表现》《雕塑的语言》等等，还观看过学生舞台的文艺表演，南开园见证了我和何燕在一起的许许多多快乐的日子。

何燕这位我从幼年、童年就相交的小伙伴、朋友，在人生的记忆中、在南开园的光影里一直留给我无比温馨与美好的回忆。

何燕硕士学业修完，已经进入 20 世纪 80 年代了，工业信息化的浪潮在发达国家首先掀起，何燕的导师为何燕安排了一个到美国进修学习的机会，何燕也非常渴望继续学习深造，她决定远渡重洋去留学。我到何燕的宿舍里帮她把必须带到美国的物品收

南开园里大学生文艺演出的合影

拾到行李箱里，何燕的行李一半都是书籍，是那些我只认识封面而根本不了解里面内容的专业书籍。何燕同宿舍的女研究生打趣地说：“燕姐，还是第一次有男朋友来接你哟，你们认识不久吧？”何燕非常大方地“咯咯咯”地笑起来，很认真地说：“我俩认识都二十六年了，你说久还是不久?”何燕同室的女生听了这话，就上上下下地把我看了又看，然后有所发现地说：“你俩还长得真像，他是你哥哥吧？”何燕又笑着说：“比哥哥还亲。”女研究生好似把“哥德巴赫猜想”的“解”求到了，就笑嘻嘻地说：“我知道了，我知道了！”说着退出了宿舍，临走还特意把宿舍门关上了。

幽暗中，有一缕缕亮亮的光，那是南开园里马蹄湖反照着天上的银月，月光似白银落地般洒在湖面上，异常地洁白安详。何燕坐在我身边，湖面上的银白色也反射到她水汪汪的大眼睛里，何燕的眼睛亮亮的。我看着湖面，不知说什么好。何燕一会儿看看湖水，一会儿看看我，终于说了一句："我要去美国了。"我答："哦。"平日很会说话的我，现在一点儿也想不起来应该说些什么。何燕对她的同室女研究生说得很准确"我们比亲兄妹还亲"。可小燕要去美国了，用英语去听课，用英语去与别人交流；我是中文系的学生，古汉语，我下功夫学了，英语我真是胸无点墨、一知半解。我在想，我俩的差距以后会越来越大，数学与文学就像直角的两条线，一旦离开同一个原点就会越发展距离越远。本身没有"对与错"，仅仅是各有各的方向。想到这些，我很烦，小学阶段，我的数学是很好的，我本来也可以读何燕所学的专业，我俩可以探讨、交流同一个领域的话题，我们要谈的话一定很多，甚至我们可以不分开。但现在不行了，我俩所学专业的不同，使我感到好像有巨大的鸿沟分隔了我和何燕，我伸出手，怎么探也探不着她的手。

正当我感觉探不着何燕手的时候，我的手蓦然被一只软软的手触到了，我的心灵告诉我：这就是何燕，不会是第二个人。"我们比亲兄妹还亲"这句话又重重地在我心里响起。 我不敢扭过头去看小燕，我感觉到她的两只亮亮的大眼睛正盯着看我，她脸上的气息已经离我很近很近；就像我们读小学时，在小燕家并排坐在一起看连环图画一样，我们两人的脸几乎碰到一起，而那时候，我俩都会不约而同地扭过脸，面面相觑，你看着我乐，我看着你笑，两颗纯洁的童心靠得无比地近。而现在，我没有勇气扭过脸去看何燕，"我是喜欢她的"，我自己对自己说，但何燕要高飞了，我能拖她后腿吗？在何燕要高飞的起步时刻，任何拖何燕后腿的事情，都是不应该做的。我只能鼓励何燕，要勇往直前地高飞，要毫不犹豫地向科学的高峰发起挑战。何燕到美国学习，很可能会成为一个十分优秀的科学家，一个对全人类都有贡献的科学家；我能因为我个人的私情而阻碍她未来的发展吗？

不能。

我在心里这样提醒自己、要求自己；可不知什么时候我已经紧紧地握着何燕的手。小燕轻轻靠在我肩头，用只有我能听到的话语悄悄地说：“婴戈，你还记得我们小时候去北戴河的日子吗？”

“当然记得，有一次，你在草丛里逮蚂蚱，一下子入迷了，绕过一道墙，老师都看不见你啦，是我把你找回来的。”

何燕把脸埋在我肩膀上，吃吃地笑起来，然后说了一句可能我要永远记住的话：“以后，你还要把我再找回来一次。”说完，小燕不笑也不说话了，就这样久久地坐着。

我渐渐感到肩膀上有些潮湿，我意识到发生了什么，就用另一只手轻轻摸摸小燕的头，安慰她也是在安慰我自己：“别太伤感了，去美国读书是个应该高兴的事。你看，我俩倒上演‘十八相送’了。悲戚戚的，不应该。”

“燕，唱段戏吧，你是我们班老师最看重的小花旦呀。唱段《穆桂英挂帅》，鼓舞鼓舞士气。”我说。

“唱吗？”小燕问。

“当然唱，什么困难也难不倒我们呀！”我说。

“那我只唱给你一个人听，有你一个人就够了。”何燕这样要求。

“好。”我只能说这样一个字，在南开大学中文系上了四年，修满了汉语言文学专业所有的课程，在此时，我只会说这一个字“好”。

何燕振作了一下，清了清嗓子，几乎把嘴贴到我耳边，字正腔圆地唱起来：

想当年桃花马上威风凛凛，
敌血飞溅石榴裙。

有生之日责当尽，

寸土怎能够属于他人。

声音虽然很小，差不多从她的嘴里唱出来就跑到我的耳朵里，但我十二万分地感到何燕的雄心壮志和那份“威风凛凛”。我身边的何燕又何尝不是当今的穆桂英，才貌双全、钟灵毓秀、如花似玉；谁家的雄姿英发的美少年能与何燕相配，我一时还真数不上来。然而，我只能作为何燕幼年的小伙伴欣赏她、热爱她，不能有丝毫非分之念。

想到这些，我站了起来说：“燕，你坐的飞机明天就起飞了，你今晚睡个好觉，明天我早早地就来送你去机场，所有的行李都由我来搬。”

“你就是搬行李的吗？我花钱找个工人，什么样的行李他都要给我搬。”小燕抢白我的话说。

我忙解释说：“我不是这个意思，你刚唱了《穆桂英挂帅》，‘有生之日责当尽，寸土怎能够属于他人’，你是有凌云壮志的人。”

“可我首先是个女人，我这一走，我俩还不知什么时候才能相见哟。正像你去黑龙江兵团当知青，我多少年都不知道你在哪里。”何燕还是把她内心的话，说得再明白不过地给我听。

我想了想，说：“你到美国，碰到有需要教汉语的地方，你就赶紧对我说，我会放下所有的事，马上飞到美国去工作。另外……”

“另外什么？”小燕追问。

“另外，就是去给你做饭呀，我做的芋头蒸排骨、红烧鱼等等，还是不错的。”我把刚学会烧的几道菜拿出来做挡箭牌。

“我就等你这句话了，一言为定！”小燕脸上终于有了往常的笑容。

我送她回了研究生的女生宿舍。

第二天，我如约而至，早早到了何燕的宿舍，把她要带到美国的行李一件一件搬到出租车上。我俩坐在汽车后排，两个人的手紧紧握在一起，就像二十多年前，我们在北戴河游玩手拉着手，很少分开一样。

到了机场，我们把行李做了托运，何燕随身带着一台相机，我们找到一个旅客不多的地方，照相留念。可惜，我们找的地方虽然适宜拍照，但没有一个人从这里走过，我们只能互相拍照，始终没有留下一张合影。

飞机起飞的时间越来越近了，我俩除了没有吻别和拥抱，其他都像电影中机场送别的镜头一样情意绵绵，难分难舍地“演”了一遍。燕燕登机了，在远远的舷梯上，她一步一回头地望着我，我俩之间的目光一刻也没有离开过彼此，我站在最醒目的地方，让她能很方便地看到我。在机舱门口，燕燕不肯进去了，她摘下自己的花丝巾，挥舞着向我示意，我也把自己的身子探出护栏，掏出手帕让风儿吹起，向燕燕挥动。

时间，你太残酷了，航空小姐好像把燕燕劝进了机舱，花丝巾消失了；接着，一架庞大的飞机也在蓝天中消失了。

“白云千载空悠悠”，蓝天上的白云，我看着它，头一阵阵地发晕，只有燕燕银铃般地笑声一阵一阵地在我耳畔萦绕，最后燕燕唱的《穆桂英挂帅》也在我耳边响了起来。昨天，还在鼓励燕燕的我，一下子觉得自己要瘫软下去了，我是怎么回到南开园的，自己都不知道了。回到宿舍，我把头蒙在被子里，眼泪再也止不住地淌下来。

人，怎么是这样奇怪的物种？小的时候，只觉得燕燕漂亮、单纯、善良、有才华；在南开园里我俩又相遇了，燕燕依然漂亮、单纯、善良，她的才华和学识则使她更加光艳夺目。与燕燕在一起，我是愉快的，同时又是受折磨的，她太优秀、太出众了；我只想陪她寒夜苦读，为她做一碗热腾腾的挂面汤，当然要放鸡蛋。

不久，燕燕从美国寄来一个很大的信封，里面有燕燕在机场给我拍的一张照片，我那天特意穿着风衣，为了送燕燕，我还打上了领带，把自己最好的衬衣也穿在里面，这些都是为了给燕燕留下一个最好的纪念。无论时光怎样流逝，我在南开园读书阶段毕竟留下了这样美好的青春记忆。

何燕为作者拍下的照片

燕燕的信，没有几个字。美国是个快节奏的国家，她一到美国就忙得不亦乐乎，连睡觉的时间都要靠挤！

燕燕的信，还需要有更多的字吗？燕燕寄来的我的大照片，那照片上我的脸分明是潮润的！照片上我背后的花木植被，也渐渐在我潮湿的眼里变成了南开园里秋日里的晚荷，繁华褪去，只有香如故……

南开园里刻字忙

李君佩林，是南开大学中文系1978级我的同班同学；李佩林会刻字，常常在两个地方刻：一是石头上，二是蜡纸上。我写下这篇文章的题目，缘于李佩林在蜡纸上刻字。2016年，南开大学中文系1978级的同学翻出了当学生时办的一种油印刊物《民间》；我把这刊物全部重看了一遍，在刻字上贡献最多的就是李佩林。

先说说李佩林吧，再说说我们班办的文学杂志《民间》。

1981年，李佩林已经是南开大学学生会的生活部长了。他有两个铺位，一个在校学生会里，一个在中文系里，但班集体的事，“李部长”丝毫不怠慢，他是从校学生会的铺位移到中文系的铺位来为班集体刻蜡版的，他始终把自己当作班级的普通一员。

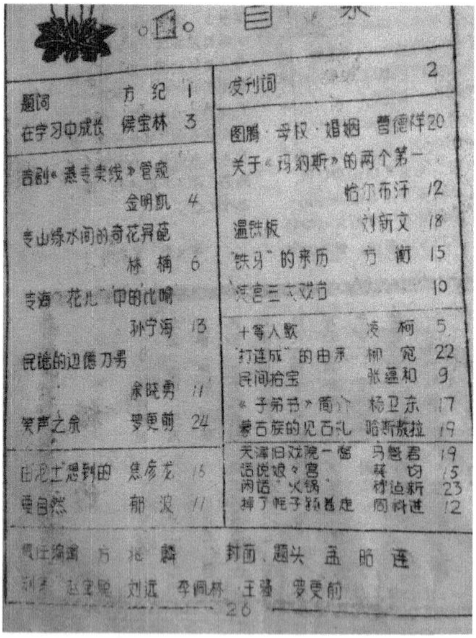
目录

题词 方纪 1
在学习中成长 侯宝林 3
昔剧《悬壶卖线》管窥 金明凯 4
青山绿水间的奇花异葩 林楠 6
青海“花儿”中的比喻 孙宁海 13
民谣的边儒刀男 余晓勇 11
笑声之余 罗更前 24
由泥土想到的 焦彦龙 16
要自然 郁波 11
发刊词 2
图腾·母权·婚姻 曹德祥 20
关于《玛纳斯》的两个第一 帕尔布汗 12
温铁板 刘新文 18
“铁马”的来历 方衡 15
沃宫三大戏台 10
十等人歌 凌柯 5
“打连成”的由来 柳宛 22
民间拾宝 张蕴和 9
《子弟书》简介 杨卫东 17
蒙古族的见面礼 哈斯散拉 19
天津旧戏院一瞥 马煦君 19
话说娘娘宫 蒋钧 15
闲话“火锅” 柳迫新 23
掉了帽子转着走 周树进 12

责任编辑 方兆麟 封面、题头 孟昭连
刻字 赵宝熙 刘远 李佩林 王强 罗更前
26

我与佩林只是大学同学，交往不多，但从认识他到再也看不到他，我亲历与我听到的，都是关于李佩林同学谦逊平易的话题。

1986年左右，是国家提倡“知识就是生产力”的热潮时期，读大专者趋之若鹜。一天，创办并主编了中共天津纪检委机关刊物《经纬线》的李佩林到我家做客。佩林带了两个年轻人来。我想，我的中文系同学来做客，肯定是来谈诗文的，就先入为主地来了一句：“千篇著述诚难得，一字知音不易求。还记得当学生时，我是爱写新诗的。”佩林笑眯眯地回答：“记得，记得。这是我们的司机贾师傅。”我答：“哦，哦。”心想：小贾与诗文有什么关系？诧异间，李佩林说：“我们机关这两位年轻人上进好学，报名你们电视大学晚了一步，你给说说情。”嗨，闹了半天，一个大主编为了两个青年报名上大专的事，亲自动用自己大学同学的私人关系，我觉得这样当领导的人是肯于“俯下身的”，就一口答应。这是一件小事，但我记得很深。

小贾开汽车拉着三个人到我家来的两年之后，李佩林给我打电话，说班里同学在政协礼堂聚会。我欣然前往。聚会散去，月白风清，佩林说要开他的“宝马”回去了，吓了我一跳，只见佩林正要发动一辆粗壮的摩托车，他那不高的个子与这粗壮摩托之间的安全联系只有一顶简易的头盔，真让我为他担心。但佩林说了一句“我会小心的”，就“俯身”在摩托上匆匆消失在夜色中了。那时李佩林已经是个领导干部了，但他还是那样“俯身”，没有一点儿特殊化，若不是司机小贾自己要上大学，佩林到我家也断然不会坐着汽车来的。这又是一件小事。

1999年，在内蒙古教书的徐英同学回南开，我组织同学们在我家地下室聚会，身为局级干部的李佩林早早地到了。地下室摆了一张旧乒乓球案，佩林与南开大学乒乓球冠军中文系教师孟昭连在这张旧案上“近台快攻”、捉对厮杀，“打”得不亦乐乎，一个大力扣杀，对方就“望洋兴叹”。因为室内的全长也就八九米，退不到接球的距离，但佩林打得特别认真，也玩得开心，全然不在意场地的窄小，他体味的是“同学情深”。换了别的同学对付孟昭连这老将时，小球落地，李佩林也总是“俯身”去拾。这还是一件小事！

2005年，李佩林到南方的黄埔海关主持工作，与天津距离遥远，但是他还是像当年为班集体刻写蜡版一样，心系同学们。8月，在大洋彼岸做外交官的娄向青归津，委托我组织聚会与同学们见面。那一次，我召集了陈洪师兄、1977级、1979级的同学们都来聚会。可能是因为珍惜那次聚会吧，我送向青同学回府时，特意拨通了远在广州的李佩林的手机，让向青与佩林通了话；之后，我又兴致勃勃地打给广西的苏放同学，苏放说在广州出差，我开玩笑地说：“一会儿当地的海关同志会请你参观的，你保持手机畅通。”果然，佩林按照我的安排马上约了在广州马路上闲逛的苏放去吃夜宵。这还不算，佩林真是重视同学友谊，转天刚上班，就打电话给我，让我把白晓红整理的同学通讯录传真给他。一部小小的手机，使李佩林与同学们的联系更加密切，同学间的情义就在其中。

2008年第一个周日，我心血来潮，在北京组织了南开大学中文系77级至82级同学的大型聚会。我打出许多电话、发出许多短信，时间用得多，但聚会场所、酒宴、通讯录、礼品都是1980级崔晶同学和崔济哲同学贡献的，我贡献的就是我的“脸面”。很多同学赶来参加。当时，我给广州的李佩林去电话，他说要到北京来开会，特别想见见同学们，毕华、才华都是李佩林同学在校学生会工作的同伴，马魁君则是佩林的室友。

但，那一次，李佩林没有赶上聚会。转周，佩林到京，马上联系同学们相见，娄向青发来短信，郑凯开着“克莱斯勒”接了浣心同学前往，晓勇坐上我的“夏利”驰往。北京相见，李佩林掩饰不住地高兴与激动。广州到北京，远隔几千里，佩林进京首先想到的是“平头”同窗，他保持的就是“俯身”。佩林很看重的事，说起来都是小事。

李佩林对同学的“俯身”，我体会最深的是2009年。那年我将到广州，在火车上给佩林去了电话，转天，火车到站，暴雨也至，我正踟蹰间，手机响了，一位青年撑着伞来接我。坐上轿车，开了很远的路，才到达黄埔海关，国之重镇，由我的同学镇守，我感到很有颜面；让我感到更有颜面的是，关长的早茶已经摆好，但佩林迟迟没有用餐，他就是在等我这样一位普通的大学同学的到来，我到了，早茶的香浓才飘起来。席间，佩林不断问我在京津的同学近况，伴着窗外的雨，真有“无端一夜空阶雨，滴破思乡万里心”的意境。我杯中的茶喝完，佩林就俯身给我倒茶，橙红的茶水从白瓷壶口涓涓而下，似乎描绘着“青山如故人，江水似美酒；今日重相逢，把酒对良友”的画面。

2010年1月，李佩林调回天津工作，请他吃饭叙情的，“车如流水马如龙”。热情的赵大明组织了本班的同学与佩林聚会，佩林见面就说，白天就与别人说了，今晚与大学同班同学聚会。佩林说话的高兴劲儿，就仿佛三十二年前，他拿着大学录取通知书前来学校报到一样。佩林最愿意与人聊天儿的话题就是南开大学、西南联大，广州人一说起西南联大、南开大学，也是一脸的羡慕。席间，李佩林俯身为同学们斟酒，同学说：“佩林你回来了，三十年前你就欠我一枚刻章，你可要兑现呀。”佩林说：“没问题，三十年前我只是给别人刻字，现在我选石料为你刻章，我刻字就是

一种休息，你记得我爱好刻字，我还要感谢你啦！”“一言为定。”同学说。“一言为定。”佩林站起来俯身与同学握手，还笑呵呵地说：“刻字，小事一桩。”

后来的日子里，只要是班集体组织的活动，李佩林都积极参加，他工作再忙都设法挤出时间前来。同学聚会合影，少了别人，也没缺李佩林；同学们都说，佩林身居要职，但对班集体，总是以“俯身刻字”的态度出现，总是普通的一员。其实，见到佩林，他那浓浓的黑眼圈总是让我忧心忡忡，他毕竟工作的时间多，休息的时间少，严守国门，能睡个安稳觉，都实属不易。

2015年秋天，听说佩林染疾，但他得的是什么病，住在哪里，无法得知；佩林把自己作为普通的一员，不肯把生病的事告诉同学们。小雪节气里，天寒地冻，我耳闻佩林住进了某医院，通过私人关系，得知“1956年生人的李佩林”住在重症室，隔离治疗；我判定这就是我的同学！我前去探望，在重症室探视进口等了两个小时，见到了佩林家属，他们略谈了佩林病情，我的心很沉重。我终于可以见到佩林了，我戴上口罩，进了布满各种医疗检测仪的房间，又被要求用消毒液洗手，并且不能拍照；鼻孔里插着管子的佩林向我招手，我说：“我是代表全班同学来看望你的，你会好起来的，你答应给我再刻印章还没完成呢。”佩林听出我在努力宽慰他，他笑了，笑得很开心，这是他给同学们的最后的微笑！佩林很虚弱，我迅速离开了，我再也笑不起来了。楼外很冷很黑，我几乎辨不清回家的路，我控制不住地给郑凯同学打了电话：“你在哪？我走路都脚软了，你有酒吗？我刚从佩林的病房出来。”平日说话重视逻辑的我已经语无伦次了。郑凯在外地，他让我把这情况发到班里微信群。我觉得佩林的病，不是小事了。我能为佩林同学做点儿什么呢？在这种时候，最好的药，莫过于病人自身的心气了。于是我翻出大学时代最能鼓舞士气的照片：一场足球赛结束，李佩林把“大力神杯”高高举起，目不转睛盯着这“大力神杯”的就是佩林身边的我。虽然这“大力神杯”只是一个茶缸，但它代表了永不言弃、勇往直前的精神！我把这照片放大，下面加了小诗：

举着茶缸的就是李佩林

你，把这“大力神杯”高高举起
上面刻着“永不言弃”和奋勇直前
多少泥泞与跌倒
都不曾阻拦你，向前的脚步
因为，“永不言弃”
是你亲手所刻！

一周后，我把写有小诗的照片以及全体南开同学的心愿，送到了病房；但为了佩林的治疗，我没有走进病房。隔了一周，我又去了，我就想了解一下佩林的状况，还是主动不进他的病房，并送上四个柠檬，希望这种“维他命”很丰富的东西给佩林和他的家属补充一些营养。

“维他命”最终没有挽留住佩林的生命，他于 2016 年 1 月病逝。佩林再也不能刻字了，我们想送他几个字，于是，我想了十六个字，为佩林送别，由杨茜萍学姐做成了长幅，在佩林同学追悼会的室外代表全班同学挂了出来。追悼会一结束，南开大学的校领导就特意找我握手，这十六个字代表了许多南开人对李佩林的送别。

杨茜萍同学真是一个做事周到的人，在佩林去世的“头七”那天，她又组织了同学们对佩林的追思会。我写了一联诗“天涯共明月，相思隔重城”，我们与佩林，就是一张蜡纸之隔，而不是千重山万重城。虽只一张蜡纸之薄，佩林同学却再也不能像为班集体刻蜡版一样勤奋地刻透了，蜡纸之薄，又是固城之厚，谓之“重城”矣。我们为佩林摆了一副碗筷，我给他倒上了一盅酒，“好

兄弟，你刻的字，一边刻在班里的杂志上，一边也刻在我们心底里”，永远抹不去！

那次追思会，敖堃教授朗诵了他悼念佩林的楚辞体诗歌，余晓勇朗读了远在内蒙古的徐英写来的悼念佩林的古体诗，我也打印了陈冲敏师兄为佩林写的诗。

那天，我通知佩林的上铺马同学也来参加，但马同学在河南，不能赴会，我想让他为佩林写点东西，最终由我代笔，附在这里，算是全班同学的一点心意。

路，很长很长

你，生平第一次吸烟，
烟草的味道飘进睡在上铺的，我的鼻孔，
你说，今晚失眠了。
封闭十年的国门打开了，才看到门内的匮乏，与海外的繁华；
月亮听到你的细语，寒风，呜咽又呜咽！

南开毕业，你选择了去守国关，
一边看着门内石岸的繁忙，
一边盯着海面贪婪的纷扰。
你，熬得眼圈黑过又黑，
只靠点上一支香烟，闭闭眼睛。
也终于，责任与劳累撕裂了你的健康，
在刚刚进入216年的最寒冷的日子，
随着布伦特原油跌向无底的深渊，
你生命的时针也冰冻在寒夜中。

今晚，是我，生平第一次吸烟，
烟草的味道飘向夜空，
喝退在黑暗里觊觎的绿光，
我守在大地燃烧的篝火旁；
火焰中，熟悉的背影扛起行囊，
前方的路，很长很长……

丙申年，是李佩林的本命年，退休的年龄到了，他该颐养天年的，可国门这么好守吗，那是要付出心血与健康的。正像在足球场上，最容易受伤的就是守门员，李佩林也是积劳成疾，被疾病夺去了生命。临终时，他也一定记着为同学们再刻一张蜡版和几枚印章，因为佩林同学为同学刻字从来没有失约过，对南开园里同学的事，佩林从来都认为不是小事。有一次，南开大学校友总会要早一些从天津海关取回一批国外运来的展览品，找到李佩林，他很快就帮忙办好了。凡是南开园同学、校友的事，李佩林总是那样俯身对待，像刻字一样地一笔一画、一丝不苟……

再说说 1981 年，我们南开大学中文系 1978 级学生创办的文学杂志《民间》。

《民间》是由中国开创曲艺理论研究的学者薛宝琨老师为中文系 1978 级开设的选修课“民间文学”而派生的一份学生杂志。杂志也是油印的，所需纸张、刻蜡版的物品、油印的工具都是中文系系办公室支持的，杂志中的许多内容纳入了“民间文学”选修课的教学内容中，足见南开大学对与教学结合紧密的学生活动的支持。

1981 年中国文学的园地，最受瞩目、投入最大的是当代文学创作。徐迟同志的报告文学《哥德巴赫猜想》洛阳纸贵；诗人叶文福的诗作《将军，你不能这样做》石破天惊，使多少人争相传阅，刊登这首诗的杂志《诗刊》加印又脱销；1980 年由天津百花文艺出版社创刊的选编优秀小说的期刊《小说月报》在 1981 年的月销量是一百四十万册。当代文学创作如火如荼、如日中天！这些文学创作一个明显的表现就是“介入”当代社会生活较深较快；而反映中华民族以往的历史面貌和过往的底层人民的生活情趣的“民间文学”几乎无人问津。

但，就是这种“冷学问”，被南开大学中文系 1978 级的学生们热烈地拥护起来了。这些大三学生认识到，文学就是来自最基本的社会生活的，优秀的文学作品往往与普通百姓的日常生活密切相关，《陌上桑》《孔雀东南飞》《李娃传》莫不如此。于是，他们把对文学的关注点放在了最基本最底层的民间文学上，饶有兴味地办起了《民间》这份文学刊物，它甚至可以说是准学术期刊。同学们倾尽所能，要办得出色一些。

《民间》杂志组的成员之一方兆麟同学是天津市文化界老干部、散文《挥手之间》的作者方纪同志的儿子，为了这份大学生杂志影响广泛一些，联络更多的文化人重视这份刊物，方兆麟同学请在“文革”中惨遭迫害、右手致残的父亲用左手为《民间》杂志题写了“发扬五四精神 研究民族文化”的寄语。

《民间》杂志的封面设计是两个方正、有无限扩张力的楷体美术字，左下方是中国农村最常见的“两间青瓦房、一间柴屋、一棵桑树依傍着缕缕炊烟”的图画场景，民间笑话、《聊斋》故事都是从这样的院落里流传出来的。这封面的设计者，就是后来在南开大学文学院教授古典文学的博士生导师、中国“鸣虫”研究学者孟昭连。

《民间》的创刊号还惊动了北京城里著名曲艺表演艺术家、相声大师侯宝林先生，侯先生特意为这本学生文学杂志写来了贺词与寄语，希望大学生们“在学习中成长”。

南开大学中文系 1978 级的同学们在这本杂志的“发刊词”

中写道：“民间文学，是各种文艺形式的母亲，是各时代伟大作家的乳娘。她最能表现民族的特性、时代的面貌、人民的心声……”第一期的《民间》，涉及的范围很广，有地方戏曲“吉剧”的短评，有“西湖传说”中浪漫主义的特征分析，有简评《民谣的道德力量》，甚至还有《蒙古族的见面礼》《闲话“火锅”》等，刊物就是在整理、传播中华民族的传统文化，涉猎的面很广。

这一期的撰稿人，从年龄结构上来看，也是老成持重的，南开大学中文系1978级的几位年龄大的同学都成了积极投稿者：金明凯、刘新文、孙宁海、林楠、罗更前等，有这些老大哥、老大姐做榜样，《民间》杂志就得以顺利办下去了。

第一期《民间》杂志起到了抛砖引玉的作用；第二期《民间》杂志果然在篇幅、领域、体裁、来源上都有了明显的提升与优化。稿件来源，是最显而易见的。第二期《民间》的投稿者，已经从学生扩展到老师：为南开大学中文系1978级学生教授过“先秦两汉文学”的郝志达老师也送来了《杂谈〈招魂〉与古民俗》这篇学术性颇强的随笔。同时，校外的民间文学、民俗文化的爱好者也因为看了第一期《民间》杂志而找到南开大学学生宿舍，与中文系1978级同学探讨和交流民间文学的信息，并送来了可贵的稿件。

一时间，南开大学的学生杂志《民间》，几乎成了当时天津市民间研究、交流民间文学和民俗文化的一个阵地、一个平台，杂志的印数已远远不能满足需求，杂志越来越受到南开大学校方、中文系老师们和社会上关心、关注民间文学与民俗文化人士的重视。

1979年至1982年，全国高等院校随着高考恢复迎来了中国大学生创办学生刊物的黄金时期和鼎盛时期。几乎每个高等院校都有学生刊物，从主题类别来看，有思想论坛、法律专刊、诗歌园地、大学生活等，当然最丰富的还是文学刊物。因为小说、诗歌、散文、评论，最容易书写出来，也最能直接表达大学生对行进中的国家社会生活的看法；文学作品的受众也广泛，读者群容易建立起来，所以，大学生文学刊物琳琅满目、美不胜收。北京大学有《早晨》《未名湖》，中山大学有《红豆》，南京大学有《耕耘》，西北大学有《希望》……但在众多大学生文学刊物之中，南开大学的《民间》是一个十分特殊的学生文学刊物，既结合当时的教学，又梳理中国传统文化的脉络，还刊登和鼓励新的民间文学、曲艺作品的创作。

所以，在第一期《民间》杂志问世，面向广大读者的时候，焦彦龙同学接到河北省文联副主席、中国民间文艺研究会河北分会主席李盘文同志在重病期间因看到本刊而欣然题写的祝词：“以鲁迅为榜样甘为孺子牛！战友们，愿以此为勉。”这个题词刊登在《民间》杂志第二期上。中文系1978级的全体同学因此受到了极大鼓舞。

这份极其宝贵的《民间》杂志，一共办了三期。第三期杂志问世时已经到了1982年的上半年，这是中文系1978级的同学在南开园里学习、生活的最后一个学期。虽然面临着毕业论文的写作，还有毕业分配的去向、恋爱婚姻等等人生大事，但是，同学们还是一丝不苟、兢兢业业地把杂志办得十分精良、圆满！

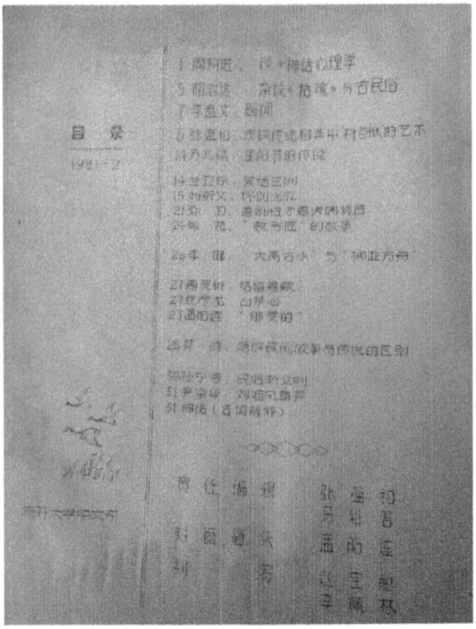
目录

本来，我是十分想借这本散文集的出版，把这珍贵的共三期的《民间》杂志附在本书的后面，让她从油印本华丽地转身为铅印册，以作为南开大学校史的一份宝贵资料，可是，由于三期杂志的撰稿人颇多，有些作者已经去世，比如，第二期的作者郝志达先生在澳洲病逝，他的家属已定居澳洲，我没有办法与郝志达先生的家属取得联系。此外还涉及许多问题，我只能按出版法律法规行事，割舍了把杂志附在文集后面的念头。最后我想再一次怀念为这份大学生杂志刻版贡献最多的李佩林同学。李佩林是个多才多艺的人，不仅刻字优美，诗词文章也写得秀美！我在黄埔海关的办公大楼里亲眼见过李佩林同学写的一篇骈体文，书法也是李佩林本人之作，文中叙述了黄埔海关在严守国门方面的历史功绩及其特殊的地理位置。

佩林同学在五十九岁已过，六十岁即将来临时，被病魔夺去了生命。一生默默做贡献的李佩林同学所刻的字，无论在工作岗位上，还是在小小的印章上，特别是在南开大学中文系 1978 级同学们所创办的《民间》杂志上，都是那样“入木三分”，令人刻骨铭心。

南开园里《南开园》

1979年，在南开园里读了一年书的南开大学中文系1977级、1978级大学生们，也打算用以“南开园”为名组成一个学生文学社团。这个“南开园”学生文学社团，在1979年秋参加了当时由十三所高等院校的中文系学生联合创办的大学生文学刊物《这一代》的编纂，结交了一些外校中文系的朋友，如北京大学的黄子平、陈建功，北京师范大学的徐晓，武汉大学的张桦、王家新，吉林大学的徐敬亚、王小妮，中山大学的苏炜，贵州大学的张嘉彦，杭州大学的张德强、李杭育，湖南师范大学的韩少功等同学。这些朋友如今都在文学领域里做出了贡献，取得不同成绩，可大家只要提到《这一代》杂志，都感到恍如昨日，仿佛青春就在转身之间。

“南开园”文学社团的初期作品是以“墙报”的形式在教学主楼一层的东侧发表的，因为墙报园地比较小，发表较多的是诗歌、散文、短评、故事；当时没有“微小说”这种形式，小说体裁的作品就没办法张贴。于是，“南开园”编辑部的同学就与中文系团总支进行了商谈，两个“组织”联合起来，把“南开园”的发表形式从墙报园地提升为油印刊物。这一动议由系团总支向系党总支汇报，系党总支完全支持中文系学生办文学刊物，让学生们更广泛、更实际地接近文学作品，还给予了纸张、油印机等物质支持。

作者在南开园当学生时的留影

1980年，迎春花开放的季节，一册飘着油墨清香的油印文学刊物《南开园》问世了。这本由南开大学中文系学生自办的刊物，共一百一十八页，有小说、诗歌、散文、随笔、评论，项目完整、体裁齐全。世事变迁，沧海桑田，我们越发要珍惜这本杂志了，因为她的作者群越发不完整了：写小说的杨志广和作诗的孙宁海已离开我们，到天堂构思了；刊物首篇、小说《酒友》的作者患有高血压，已经慎为“酒友”了；《失去了吗　往日的梦想》作者很久不与同学们联系……每当春天到来时，作为《南开园》编委的我都祈盼南开园的春天比以往更加绚烂。因为，在这个季节里，我们曾付出的辛苦和心血也正花开满园。

时隔三十多年，我作为编委之一，对于这期《南开园》，是有一些事情要记述的。

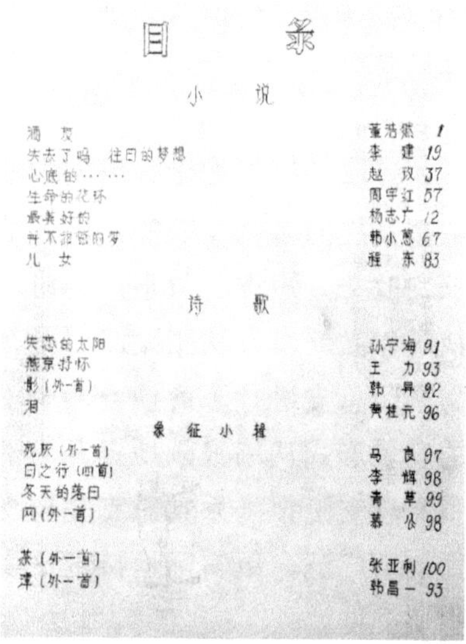

目　录

小　说

酒　友　董浩然　1
失去了吗　往日的梦想　李　建　19
心底的……　赵　玫　37
生命的花环　周宇红　57
最美好的　杨志广　12
并不甜蜜的梦　韩小蕙　67
儿　女　程　东　83

诗　歌

失恋的太阳　孙宁海　91
燕京抒怀　王　力　93
影（外一首）　韩　异　92
泪　黄桂元　96

象征小辑

死灰（外一首）　马　良　97
日之行（四首）　李　辉　98
冬天的落日　青　草　99
网（外一首）　慕　公　98
茶（外一首）　张亚利　100
津（外一首）　韩昌一　93

其一，这期《南开园》的编后语由于版面所限，被挤在第八十二页那个偏僻的角落里，读者阅读这期刊物时可能会忽略这编后语。我现在看着这油印刊物，告诉大家“可笑”的往事，就是编后语是与韩小蕙同学的小说《并不甜蜜的梦》的末尾挤在一页纸的正反两面，由于纸张薄，刻蜡版的技艺又“半斤八两”，推油墨滚筒的事又是大学生们这些新手做的，所以，不知是编后语“力透纸背”，还是韩小蕙的小说“入木三分”，两篇作品的字“互相映衬”，隔纸相探，互相穿插着，读起来是需要分辨技能的。由此，我很想把这期《南开园》变成铅字印刷品，奉献给南开园和热爱南开园的人们，让这学生文学刊物永存人间。到时就可以按正式印刷品排版了，编后语应该回到她本应出现的位置上，不至于挤在不前不后的第八十二页。

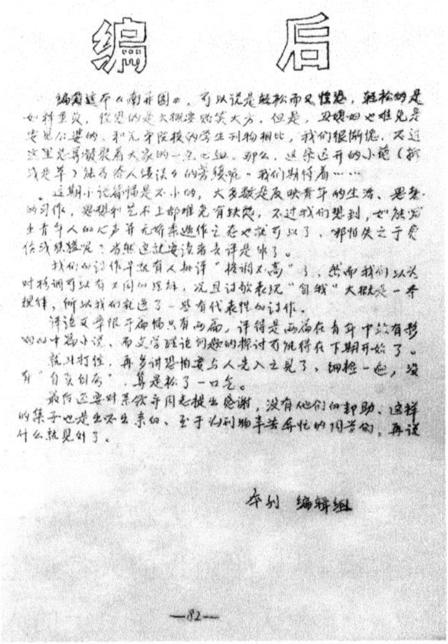

编后

编完这本《南开园》，可以说是既轻松而又惶恐，轻松的是如释重负，惶恐的是大概要贻笑大方，但是，丑媳妇也难免要见公婆的，和兄弟院校的学生刊物相比，我们很惭愧，不过这里总算凝聚着大家的一点心血。那么，这朵迟开的小花（新戏是芽）能否给人读后有的芳馥呢，我们期待着……

这期小说篇幅是不小的，大多数是反映青年的生活、思想的习作，思想和艺术上都难免有缺陷，不过我们想到，如能写出青年人的心声并无娇柔造作之态也就可以了，哪怕失之于肤浅或粗糙呢？当然这就要读者去评是非了。

我们的诗作早就有人批评“格调不高”了，然而我们以为对格调可以有不同的理解，况且诗歌表现“自我”大概是一条规律，所以我们就选了一些有代表性的诗作。

评论文章限于篇幅只有两篇，评的是两篇在青年中较有影响的中篇小说，而文学理论问题的探讨可就得在下期开始了。

就此打住，再多讲恐怕要与人先入之见了，细检一遍，没有“自卖自夸”，算是松了一口气。

最后还要对蔡钦奇同志提出感谢，没有他们的帮助，这样的集子也是出不出来的，至于为刊物辛苦奔忙的同学们，再说什么就见外了。

本刊 编辑组

—82—

而现在，我只能在我的散文集里，把围绕着那期《南开园》的事，写得清楚一些，把那期《南开园》的内容介绍得尽量详细些，希望有更多的人关注《南开园》，想念《南开园》。

还有编后语的著作权和稿费，至今无人认领。这篇编后语并不是那期《南开园》编辑组的集体定稿，即便是集体讨论定稿，也有一位执笔者吧，我作为编委之一，清楚地记得是编委会里年龄最大、又是入学前在某编辑部里工作过的1978级同学林楠执笔的，但与共和国同时期成长起来的林楠同学怎么也记不起她曾经写过编后语了，其他编委更是否认自己写过编后语。这就是岁月的风霜哟，“岁月无情催去燕，关河有信寄来鸿”，我觉得自己更有责任把那年《南开园》的往事奉献回报给南开园。

其二，这一期《南开园》是定位的“青春咏叹调”，投稿的作者和刊登了作品的作者，虽然年龄的跨度从十八岁到三十五岁，但来稿基本都如实反映了20世纪80年代的青年们的思想浪花和情感波澜。那是从十年“文革”中磨砺出来的一代青年，他们有把自己的认知放入社会大动荡、大变革、大发展的历史环境中去考量的自觉性。一册文学杂志是否有保留价值，是否有让人回过头去再读的吸引力，很重要的因素就是看那文学作品反映那个历史时期面貌的程度有多深。在这一点上，《南开园》是有些价值的。比如，杨志广的小说《最美好的……》，用倒叙的手法来说明人与人之间的“诚挚”“信任”是“最美好的”，作者是十分看重其价值的。杨志广把“诚挚”作为小说要表现的灵魂，还体现了青年大学生对社会发展大潮中人际关系的思考和提示。可贵的是小说末尾处借作品中人物的口说：“从马路上的人行道上走，很容易的，但，从人生道上的人行道上……走，你，能永远这样走吗？”显然，作者认为“人生道上的人行道”就是诚挚，由此，作者提出了一个广阔的、深刻的人生道路问题。要知道，写这篇小说时，杨志广自己也仅是个二十三岁的青年。不幸的是，在自己的人生道上一直遵守“诚挚”信念的杨志广在中年时被病魔带入天堂，那时，他是《中国作家》杂志社的副总编，他留给南开园的就是“最美好的”的“诚挚”。

其他小说，从作品标题《心底的……》《生命的花环》《并不甜蜜的梦》《失去了吗　往日的梦想》等等，可以略知其基本上是青年大学生对人生情感的探索。当然，这也是文学作品的基本主题，这期《南开园》的小说也大多是青春题材。《生命的花环》写得开阔一些，是“一位边防战士的手记”，在枪声、流血、死亡的交错中，刻画着“生命的花环”，那花环必然是血红的。这对于个子不高的男生周宇红来说，是实实在在做了一回高大的硬汉。或许就是从这篇小说开始，周宇红在人生道上一直也是以一个硬汉形象出现，他发表了很多作品，出版过书籍。

最应该提及的是《儿女》《酒友》两篇跳开青春题材的小说，

写的是中年和老年的故事，或者说是“青年、中年、老年之间的对话”。这两篇“白发”题材的小说，关注社会生活的广度和深度更加卓越。

小说《酒友》写的故事有偶然性，而写出的人的情感发展却又具有必然性。一位负责全市轻工产品的批发工作的实权人物薛九文在大年初一为了躲开烦人的缠扰，独自跑到偏僻的小酒馆想“清静”一下。薛九文明白，所有向他“祈求”的人，都是看重他手里的“权力”，是向他索要“实惠”的。薛九文没有朋友，在小酒馆里，杜老康这位老人请素不相识的薛九文喝了好酒“杜康”，吃了好菜，说了许多“酒话”。薛九文吃了老人家的酒菜，就习惯性地亮出了自己的“权力”，问杜老康要什么紧俏的“轻工产品”，但杜老康沉思半天，说：“同志，我敬你的，是诚实的酒。”说罢拄起手杖，走了。整天被“物质”和“紧俏商品”包裹的薛九文时时想念这位“诚实的”酒友，但他们再也没有碰面。薛九文在物质与人情之间，终于明白孰轻孰重了！这篇《酒友》排在了这期《南开园》的首篇，应该是有全体编者的“语重心长”和深深寄托的：《南开园》希望全体同学从青年向中年转化时能够多一点儿“人情”，少一点儿“物欲”。《酒友》的作者在当时就是步入中年的三十五岁的董浩然同学，老大哥为同学们树了一个榜样。

其三，《南开园》中最有情感冲击力的作品是诗歌。这期刊物共一百一十八页，到第九十一页诗歌才“掀起她的盖头来”，似乎对诗人有一点儿不敬了。实际上，这期刊物中设计、排版最漂亮的还是诗歌园地。并且，诗歌的首篇就是一个“火箭式”的发射，飞得高、热度高，题目就是《失恋的太阳》！那么，太阳恋爱着谁呢？“月美人，我没有疲倦，这是我最后一次试探。”显然，这是“宇宙式”的宏大、博深的对话，是太阳与月亮的对话。那年作诗的诗人孙宁海是三十三岁的中年人，或许他是熟读了诗人屈原的《离骚》了的，他模仿了“屈原式”的《天问》。大学生诗人孙宁海也怀着“路漫漫其修远兮，吾将上下而求索”的探索精神，问苍天、问宇宙、问“月美人”。孙宁海这种孜孜不倦的探索意识，最强烈地表现在诗歌结尾处：“可是，月美人，我没有疲倦，我还要做一次试探。”在一次次“试探”失败后，诗人还是坚定探索的意志，直至最后。这首诗，似乎也是一首谶诗，诗人孙宁海在他接近六十岁退休年龄的时候，在新华社为探索新闻真相的道路上，彻底地做了人生的“最后一次试探”，含着“我没有疲倦”的笑容离开了我们。

《失恋的太阳》后面紧接着的是年轻大学生的轻轻的感叹：“没有重量，没有立场，追随光而转动。”那是《影》，在思想深度与情感饱满度上，接近不了《失恋的太阳》。只有到了王力同学的诗歌《九龙壁》，才在“画龙点睛”成语的启发下，写出了“没有民主前来点睛，九条龙只能在墙里终结生命。”

两相比较，《南开园》与《这一代》之间，还是有差距。《这一代》里似投枪匕首一样锐利的恰恰也是诗歌，且不说《桥》里的“就是那座石桥，隔开了中南海与北海……”《轿车从街上匆匆驶过》里的：“我的诗啊，再也无法沉默！去给部长祝寿的局长，请下车吧！看你们留下的车辙，是怎样把党和人民分隔！”真没想到，1979 年大学生发表在自己刊物上的诗歌，四十年后却依然新鲜如初，依然切中时弊！所以说，1977 级、1978 级大学生是极其宝贵的、有思想的一代。

其四，论思想性，还要数《南开园》所刊发的“评论”与“随笔散文”。当时，不到二十岁的 1979 级女生曹瑾已经在她的散文里写到“雾霭与蓝天”的关系：“我望望雾霭，我望望太阳。起来吧，朋友，相信太阳的光芒！”是的，虽然三十多年后，“雾霭”已经变为了雾霾，但，我们年轻的大学生早就勇敢地坚信我们一定会战胜雾霾。其实，战胜雾霾完全在于人类自身，我们有理由记住年轻大学生的话——“相信自己的力量”！

在1980年这期《南开园》上，散文高手崔济哲写的不是散文，而是思想性、理论性颇强的文学评论。由崔济哲、张卫同学合写的评论，论的是作家冯骥才的中篇小说《啊》，小说的标题很短，但作品的思想内容很深。评论写道：“小说主人公吴仲义在二十世纪五十年代，对一切事物好奇敏感，喜欢发问；可以说是我们社会主义社会培养和造就的新一代知识分子的典型，积极、热忱、有才华。”但“文化大革命”改变了有形的一切，也改变了无形的一切，诸如人们的思想、道德、信念。郝主任怕群众轰他，为了把矛头转移到下级，就要整这个与世无争、不会报复的吴仲义。无须再转述了，“文化大革命”如同一个大涡轮机，郝主任、赵昌、贾大真等等小说人物全“挤进”这大涡轮机里，互相猜测、使绊子、告密、揭发、争斗、批判，一切都是因为人们在这个史无前例的“文化大革命”中苦苦挣扎。

崔济哲、张卫同学合写的评论中引述了高尔基的话：“艺术家应当具有把现实生活中一再出现的现象加以概括——典型化——的能力。”至今读来，这两位同学引述的话，依然散发着光芒！

这一期《南开园》，幼小而又幼稚，但真挚而又真诚；最令人欣喜的是，这幼稚而又真挚的《南开园》杂志被后来者真诚继承了。1999年，天津教育出版社出版的《南开故事》一书中第八十五页，有中文系1980级同学姜奇平撰写的《〈南开园〉是怎样办起来的》一文，全文详细而又生动地叙述了1981年9月14日中文系学生会召开的会议上，姜奇平同学提出由系学生会牵头出一份印刷版的《南开园》杂志。姜奇平同学具体写道：“《南开园》是由中文系学生自办的文学刊物，当时曾以墙报形式出版，后来降为黑板报形式。”姜奇平又写道：南开大学校学生会宣传部办了《百草园》的文学刊物，而中文系1980级班里有个学生文学社团“跋涉者”文学社，其中徐占前同学是个才子，拿过系里文学创作竞赛的头奖，但徐占前同学又是一个很有个性的人。姜奇平个人的想法是以本班的“跋涉者”文学社为班底充实中文系《南开园》的供稿与编辑的力量，他思量中文系1980级的“跋涉者”文学社在当时学生创作文学作品方面还是有实力的；他本人不赞成过多参与校学生会宣传部所办的《百草园》文学刊物的。实践证明姜奇平的想法是正确的，“1982年9月20日，装帧一新的《南开园》第一期正式出刊。历经一整年的坎坷，终于获得了成功。”而这一成功完全是南开大学中文系同学努力的结果！

2016年，在结束本文写作的时候，我辗转找到姜奇平同学，与他通了几次电话。姜奇平明确对我说：“1981年，我进入中文系学生会，就听说中文系77级、78级同学们出版过《南开园》的文学刊物；后来，他推动中文系学生再次出版了《南开园》文学刊物，完全是有传承中文系学生积极参加文学创作的本意。”虽然，《南开园》杂志的两代人没有明确地交接过办杂志的工作，但他们热爱《南开园》的精神是一脉相承的。

至今，只要说到《南开园》，全体热爱南开大学、热爱南开精神、热爱南开文学活动的师生们，都会把《南开园》作为自己的精神殿堂，天涯海角心相随。

南开园里文学潮

南开的文学写作活动，是远近闻名、此起彼伏的！

南开“文明戏”的精神领袖曹禺在南开读书时就在练习写“文明戏”；见诸书籍报刊的南开文学作品，诗人穆旦应该是一面旗帜：

把生命的突泉捧在我手里，
我只觉得它来得新鲜，
是浓烈的酒，清新的泡沫，
注入我的奔波、劳作、冒险。
仿佛前人从未经临的园地，
就要展现在我的面前。

这是对生命、人生多么由衷的赞美与歌唱啊！这样的诗人是坚韧的、热情的、善良的，对世界、人类都充满了大爱的！

诗人穆旦的文学创作活动就是来自校园。他第一首成熟的诗作《野兽》：“……在暗黑中，随着一声凄厉的号叫，/它是以如星的锐利的眼睛，射出那可怕的复仇的光芒。”那是 1937 年在长沙临时大学里创作的。长沙临时大学是中国抗日战争开始后，北京大学、清华大学、南开大学在长沙组建的大学。后遭日军轰炸，1938 年 2 月三校迁往昆明，组成西南联合大学。在昆明西南联大当学生时，穆旦又积极参加学生文学社团。当时西南联大有南湖诗社、冬青文艺社、文聚社等，由学生组建。这些社团请闻一多、朱自清、冯至、卞之琳等教授做指导或顾问，定期或不定期地举行一些与文学有关的活动，如讲座、座谈会、诗朗诵、讨论会等。文聚社的《文聚》创刊号上发表了穆旦的被视为中国新诗经典之作的《赞美》：

走不尽的山峦的起伏，河流和草原，/数不尽的密密的村庄，鸡鸣和狗吠/……/在低压的暗云下唱着单调的东流的水，/在忧郁的森林里有无数埋藏的年代。/它们静静地和我拥抱：/说不尽的故事是说不尽的灾难，沉默的/是爱情，是在天空飞翔的鹰群/……/仍在这广大的山河中等待，/等待着，我们无言的痛苦是太多了，/然而一个民族已经起来，/然而一个民族已经起来。

“一个民族已经起来，/然而一个民族已经起来”！这首发表在校园学生诗刊上的诗，在中国抗日斗争的整个过程中，都是一个吹响“全民族站起来”与外敌侵略奋勇抗争的号角！

文学，往往就是国家动态与趋向的先锋号角。在五四运动中走向街头的北京大学生们，《新青年》杂志和小说《狂人日记》那就是他们手中的火炬。文学，在1978年又何尝不是星火，《班主任》与《伤痕》一时洛阳纸贵！1978年至1981年，是中国改革开放的前奏曲演奏得最雄壮的时期。文学，特别是校园文学，被看作是改革开放的排头兵。那个年代里，各大学的学生宿舍都会收到来自其他大学校园寄来的油印刊物，有思想杂谈、政治思考、历史反思，但最多的还是文学杂志。

南开大学的校园里也不例外，那个年代里蓬蓬勃勃兴起了文学创作活动的高潮；南开园里文学潮有代表性并且有实物、有规模有这样几个代表。

一是，以中文系1977级、1978级同学为主创办了学生文学杂志《南开园》。这份杂志从着手组稿到编辑、排版、刻印、组装成册，都是由学生们自己动手。杂志问世的时间，准确的是在 1980 年 6 月 16 日。我为什么敢于把这刊物问世的时间说得这样肯定呢？这里还有一段有趣的事。

进入 21 世纪以后，我们 1977 级、1978 级的一些同学陆续退休。人老了，不免怀旧。我向几位当年一起创办这《南开园》杂志的同学询问这份杂志准确的问世时间。大家都很茫然，说不清楚这份杂志是哪个月份问世的。我自己努力回忆，又问这个同学，问那个同学，还是不敢确定。有时候，我自己找出这册极其珍贵、浸透着我和同学们心血的刊物，从头翻到尾，希望从这些小说、诗歌、散文、评论中寻找到一些时间线索，但我没找到。

我所收藏的这份《南开园》杂志，是用一张旧报纸包着其封面的。正当我只能把《南开园》杂志的问世划定在一个春夏两季交接、横跨三个月的不准确的时间范围内时，我自己一个偶然的举动，揭开了南开园里文学潮一个很重要的时间节点。

我用来包《南开园》杂志封面的小报，是南开大学校宣传部办的一张在南开园里发行的校报《南开大学》。我当学生时，是这张校报的通讯员，我给《南开大学》写通讯稿，负责报道南开大学中文系 1978 级班级里发生的团结互助、刻苦学习、培养优良道德情操等等的好人好事。套用 21 世纪以后在中国常用的话，就是我在报道“五讲四美三热爱”。我除了给《南开大学》写通讯稿，还有一个任务就是发放这份小报纸。每周，我都会从中文系宣传干事手里接过十几份《南开大学》校报，给南开大学中文系 1978 级的每个男生宿舍里送一份；送给同班女生看的报纸，我就在上课的课间交给女生代表。发放完校报，我手里往往会剩余一两份，就由我来保存、安排了。那年，《南开园》杂志问世，她的封面是我亲手推油墨滚印出来的，封面元素包括南开园的主楼背景下一个青年托着下颚正在思考的剪影版画，油墨还散发着淡淡的香气，为了保护那册浸着自己心血的学生杂志，我用一份剩余的《南开大学》校报把《南开园》杂志包了起来。

四十年了，我的家也是多次搬迁，许多物品、书籍都更换，离我远去了，只有这份真实表现当年 1977 级、1978 级大学生对生活的思考与认识的文学杂志，还保留在我的书柜里。虽然包封面的小报纸已经纸面发黄，承载了许许多多岁月的风霜，但我对她仍然不离不弃，因为她包裹着浸着我“芳华”的心血、存储着我青春的热情的《南开园》。

在近年，我把包这杂志的报纸打开来，看看里面杂志的封面；这无意的举动，让我看到了包这杂志封面的《南开大学》校报是 1980 年 6 月 16 日的，那天是星期一！

四十年前，我包这本学生文学杂志，是把《南开大学》校报的第二版、第三版呈现在杂志的外面。《南开大学》校报在 1980 年是一份八开四版的小报，印有“1980 年 6 月 16 日”字样的报头就始终与我们《南开园》杂志“耳鬓厮磨”、心心相印地相守在一起。就是用了这份《南开大学》校报包了我们《南开园》杂志的封面，四十年后，把《南开园》杂志问世的时间记录，或说是保存下来了。多么珍贵的《南开园》学生文学杂志，多么珍贵的《南开大学》校报呀。

二是，影响面较广的、由南开大学中文系 1978 级同学创办的《民间》文学杂志。刊登在这本杂志上的文章，有相声表演艺术家、语言大师侯宝林先生的，有南开大学中文系领导、先秦两汉文学的讲授教师郝志达教授的，还有天津市的一些民间文学、民俗文化的爱好者的，南开大学经济系、历史系一些同学的。这份《民间》文学杂志创刊于1981年上半年，1981年下半年出版了第2 期，1982 年上半年推出了第 3 期，此时已经是南开大学中文系 1978 级同学的毕业学期。南开园里的《民间》文学杂志一共出版了三期。这《民间》也是十分珍贵的学生文学杂志，我在 2016 年终于把三期全收集齐了！

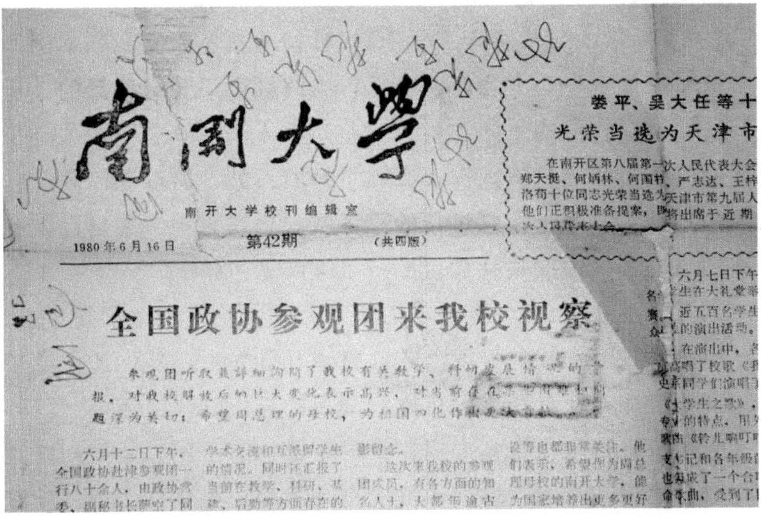
南開大學

南开大学校刊编辑室

1980 年 6 月 16 日 第42期 （共四版）

娄平、吴大任等十

光荣当选为天津市

在南开区第八届第一次人民代表大会
郑天挺、何炳林、何国柱、严志达、王梓
洛荀十位同志光荣当选为天津市第九届人
他们正积极准备提案，即将出席于近期

全国政协参观团来我校视察

六月七日下午
生在大礼堂举
近五百名学生
的演出活动。
在演出中，
高唱了校歌
《大学生之歌》

三是，由学生自编、自导、自演了历史话剧《要留清白在人间》。我得到该剧的编剧者的授权书，将历史话剧《要留清白在人间》的全剧本，作为本书的附录部分，以飨读者。

历史话剧《要留清白在人间》在 1979 年上半年开始酝酿，当时是南开大学历史系 1977 级同学在校读书的第三个学期，剧本的完稿时间是在 1979 年 10 月。很显然，该作者在 1979 年的整个暑假里主要就是创作历史话剧《要留清白在人间》了。1979 年 9 月，新学期开始，作者又把剧本由同班同学统审了一遍，然后定稿。

《要留清白在人间》剧本写的是：明朝正统年间，兵部尚书于谦请命率军抗敌，严守北京，击退瓦剌军，使华北军民都免于战争的侵扰。但后来受到奸臣陷害，使其含冤而死。

既然是话剧，人物塑造是很重要的。这部话剧就成功地塑造了京城神机营指挥杨勇及其母亲杨母、妹妹阿丹和百姓的正面人物形象。平民百姓的人物虽然不多，但他们的命运、他们的思想立场是有普遍代表性的。对待杨母和阿丹的态度也就是对待人民群众的态度。

在1979年的时代思潮引领下，《要留清白在人间》剧本的作者塑造于谦这个中心人物时，也是以当时社会思想为背景的。于谦与其他朝廷官员的不同之处，就是站在人民群众之中，关心平民百姓的生活和利益。因为于谦心里装着百姓，所以在国家危在旦夕的时刻，没有带兵打过仗的于谦敢于勇挑重担，置自己生死于不顾，决心与国家共存亡。

京城保卫战，于谦怀揣着身后是千万平民百姓的意识和意志，走出城门，正面迎战凶悍的敌人。打退瓦剌军后，戏剧的主要矛盾冲突就放在如何对待平民百姓和战后的灾民这个节点上了。

明代宗景帝坐上皇帝宝座，身居京都，忘乎所以，把一些京畿民宅土地胡乱赏给京城保卫战的有功战将，可这样一来，就造成许多百姓流离失所、无家可归。领到赏地的将军石亨，又为非作歹，抢夺民女，横行霸道；石亨的行为，恰巧被于谦看到。在对待人民群众生活和平民百姓存亡的国家大事面前，全剧的第四幕就是于谦和景帝、石亨展开了正面的冲突。其中有一段舞台对话很能表现本剧编者的“民本”思想以及1979年在南开园里也十分盛行的“天下为民”的理念。

于谦：皇上，于谦今为京畿受难百姓乞求您，将土地宅舍还天下百姓，施皇恩以赢民心！

景帝：朕之赏赐从不更变，区区宅地何必如此？

于谦：皇上，土地乃百姓之根本，百姓乃社稷之根本，如今，这样把土地随意赏赐，天下百姓何以为生？何以为活?!这……这将不堪设想啊！

几句对白，完全把于谦为民着想的形象刻画得生动活泼。

“土地乃百姓之根本，百姓乃社稷之根本”，这就是历史话剧《要留清白在人间》要重点表现的全剧之“眼”；而这“戏眼”在“五四”新文化运动将要迎来一百周年与在“五四”大潮中诞生的南开大学也将庆祝百年诞辰的时期，仍然曦曦发光、振聋发聩、响彻云霄。

《要留清白在人间》剧组

我有幸把历史话剧《要留清白在人间》附录在我的书后，广大读者自会从这个剧本中读到南开园里文学潮的精神实质和那个时代俯身向民的思想。

当然，南开园里文学潮，还包括南开大学中文系 1977 级的诗魂社的诗歌创作，以及这些诗作刊登的南开园主楼东侧二楼小教室南墙上的诗魂社园地。我没有拿到他们油印的诗刊，也就不能详细介绍了。

总之，南开园里文学潮是一个大课题，我这篇小小的散文能起个抛砖引玉的作用，我就十分高兴了。毕竟，我只是一个普普通通的南开人，平凡而又无才，能把我知道的一些南开园里的事情告诉大家、告诉校友们、告诉母校，就是我最大的心愿！

愿：即将迎来百年诞辰的母校南开大学，如百年“五四”运动一样，永葆青春，永远高举“科学”“民主”的猎猎旗帜！

附　录

献给南开大学建校六十周年

历史剧

要留清白在人间

（五幕六场）

历史系 77 级中国史班历史剧创作组 集体创作

1979 年 10 月

深切地怀念那些为国、为民蒙冤捐躯的历史的和今天的英雄们！

剧情简介

明英宗正统十四年（1449）秋，北方瓦剌部太师也先兴兵入侵，英宗在太监王振怂恿下率军亲征，五十万大军在土木堡惨遭覆没，英宗被俘。瓦剌军继续南犯，进逼北京，此时京城能战之兵不足十万，形势非常危急。

土木堡噩耗传来，明廷惊恐，景帝无策，太后、徐有贞等人不顾民族危亡，企图迁都南逃。兵部尚书于谦作为中流砥柱，力阻南迁，他积极组织民壮义勇，筹划抗敌。在国家危急存亡之际，置生死祸福于度外，力挽狂澜，统率三军，京城一战，终于击败瓦剌，挽救了民族危亡。

京城保卫战以后，瓦剌对明朝的威胁基本排除，而景帝认为天下已然太平，开始疏远于谦，沉湎酒色，并将安置灾民的土地赏赐石亨等人。最后奸臣借景帝在更立东宫事上对于谦不满之机，诬陷于谦结党欺君，犯上作乱，用“意欲”的罪名，将他打入狱中并加以杀害，留下了这历史上的千古奇冤。

于谦是我国历史上杰出的民族英雄，据史料记载，他一生勤政爱民，“忧国忘身”，“不避嫌怨”，且“洁廉方正”，克己奉公，刚直不阿，始终“两袖清风”，光明磊落，不搞权诈。他曾作《石灰吟》：“千锤万击出深山，烈火焚烧若等闲。粉骨碎身全不怕，要留清白在人间。”这首不朽的诗篇正是他那种民族正气和献身精神的生动写照，也是他给后人留下的宝贵历史遗产。他将永远受到人民的敬仰和怀念。

注释

“瓦剌”：

亦称“斡亦剌惕”部。元初游牧贝加尔湖西南，后南徙居住在蒙古西北部；元末实力较强，与东方鞑靼部仇杀不休。明成祖朱棣利用瓦剌牵制鞑靼，封大酋麻唱木等三人为王。明正统十一年（1446年），瓦剌占据和林。十四年（1449年）脱欢嗣位，仍受明顺宁王爵号，吞并诸部，逐渐统一内外蒙古。脱欢死，其子也先继位。

“土木之变”：

亦称“土木堡之变”，明英宗被瓦剌军所俘的事件。正统十四年（1449）瓦剌首领也先率兵攻明。宦官王振挟持英宗率军五十万亲征。至大同，闻前方小败，就心慌撤退；后来又想要英宗“临幸”他的家乡蔚州（今河北蔚县）。行军路线屡变，至土木堡（今河北怀来东）被敌追及。将士饥渴疲劳，仓促应战，死伤过半，英宗被俘，王振也为部下所杀。

剧中人物

于　谦　兵部尚书
范　广　京城副总兵
杨　勇　京城神机营指挥
杨　母　杨勇的母亲
阿　丹　杨勇的妹妹
英　宗　明正统皇帝，朱祁镇
景　帝　明代宗，朱祁钰
石　亨　京城总兵
徐有贞　太后表亲，翰林院侍讲
袁　彬　锦衣卫校尉
马　顺　宦官王振私党，锦衣卫指挥

明朝士兵、宦官、宫女各数人
瓦剌小头目、士兵数人

序幕　土木之变

明英宗正统十四年（1449）八月
关外土木堡地区

幕启：山谷，盛夏的土木堡，近处的山峰高耸、陡峭，远处的山峰蜿蜒起伏，万里长城依稀可见，烽火台上，狼烟四起。

（乌云低垂，雷电交加，大雨将临，炮声隆隆地响着。）

（杀声震天，呼声动地，明军与瓦剌军正在白刃相搏，地上尸首散野塞川，粮草、兵器狼藉，几个身穿“明”字戎装的士兵正在与数倍于己的瓦剌兵鏖战，慢慢力尽不支，终于被打倒在地，死于乱刀之下。一群群明军溃不成军，丢盔弃甲，仓皇地逃下，一队队瓦剌兵高举旗帜，手持刀弓，呐喊着追下，“快快投降，解甲投戈者不杀”的喊声夹杂着哭叫哀求声，在山谷中萦绕，久久不绝。几个瓦剌军连打带骂地押着一队百姓上，杨家三口在内。）

兵甲：（用鞭子抽打百姓）快点！简直跟驽马差不多！嗐，太师也先传令见着百姓就抓，这往回带可多费劲。

兵乙：抢点衣服能穿，抢点银子能发财，抢点牲口能油肚子，这老百姓……

小头目：别穷絮叨了，反正有用得着的时候，这是咱太师的老规矩。再说这人也是挺值银子的。

兵甲：可我说，咱们不是天天打胜仗吗？听说把大明的皇帝全给围住了，还在乎这几个老百姓？再说，这拉家带口的实在不好走。

小头目：好，那就把老的、小的、残的全给我宰掉，剩下的带走。（几个瓦剌兵要去抓老人、小孩，百姓群情激愤，一个瓦剌兵去抓杨母，突然杨勇飞起一脚，将瓦剌士兵踢倒在地，几个瓦剌兵拔刀扑上去，杨勇手中抛出两大把石灰，顿时烟雾弥漫，众百姓与瓦剌兵格斗，有的被瓦剌兵用刀刺死，有的被瓦剌兵用石头砸倒，一片混乱，众百姓四散逃下，瓦剌兵追赶。）

（场上只剩下杨家三口，杨母在混乱中被打昏。）

杨丹（下文简称丹）：妈，妈！（杨母逐渐清醒）

杨母（下文简称母）：你们还发什么愣，快跑！

丹：妈，你……

母：孩子，再不快跑，就没命了。

丹：哥哥，你快跑，我照顾咱妈。

杨勇（下文简称勇）：这……

母：快！

勇：妈，阿丹，唉……（跺脚）留得青山在，你们多保重！（跪下一拜，咬牙转身跑下，一瓦剌兵跑上看见要追，被杨母抱住了腿，挣脱不开，举刀要砍，被阿丹从后举起块山石砸昏，杨丹搀扶杨母而下。）

（雷声响得更厉害了，远处烽火台上报警的烟火越烧越旺，近处人声嘈杂，传来了瓦剌兵高兴的叫喊声："大明皇帝被擒喽！"几个瓦剌兵手持雪亮的钢刀，押着衣衫褴褛、十分狼狈的明英宗上。）

（音乐低起，如怨如诉。）

小头目：喂，我去向太师禀报，你们可看好了他，这是大明的天子，待会儿咱们可是大大的功劳。

兵甲：放心，这回他是长翅膀也飞不了。

（小头目下，几个瓦剌兵持刀四立，英宗以手掩面，仰天长叹。）

英宗（下文简称英）：如来大佛，观音菩萨，祖宗在天之灵，快来救一救大明的天子，快来保佑大明的天子，快来保佑大明江山吧！咳……当初，可惜我没听从于谦诸卿的劝告，可恨奸佞之徒，煽动寡人。可想我大明江山要毁于今朝，要毁于今朝了啊！（悲泣。）

（内喊“快走”。几个瓦剌兵将袁彬押上，一把将其推到英宗身旁。）

袁彬（下文简称袁）：臣随从校尉袁彬，恭请皇上圣安！

英：圣安……圣安……罢了……罢了！（二人抱头痛哭。）

袁：启奏皇上，这次征战的五十万大明军队已经全部被击溃，听说被杀死的就有三十多万，随军大臣多已为国捐躯。

（雷声，炮声，火光，幕后人喊马嘶，不时地传来兵器格斗的声音以及男女的哭喊声。）

英：完了，大明的江山完了，我朱家百年传下来的社稷完了，宋徽宗，又一个徽宗。（突然抬起头来高喊）不，京城，还有京城！

袁：皇上，长城！（二人远眺，长城遥遥在望，烽火台内报警的烟火燃烧着，他们的眼睛闪出希望）

英：观音菩萨，如来大佛，你们快一起保佑于谦，保佑京城，保佑大明的江山吧！（瓦剌小头目及众士兵上）

小头目：传太师令，乘胜追击京城，会师德胜门，饮马紫禁城。（指英宗）把他们押上。

众士兵：是。（押英宗、袁彬）走！

英：（仰天长啸）保佑于谦，保佑京城吧！

（闪电中众人亮相，大雨倾盆而下。）

（幕落）

第一幕　力挽狂澜

京城　皇宫　正殿

幕启：大难临头的紧张气氛笼罩着皇宫。太监和宫女们手提箱笼，携带金银珠宝慌张奔跑，宫中一片混乱。许多朝臣官员议论纷纷，走上走下。

臣甲：呜呼哀哉！实在是太可悲了。大人是否目睹了满城从塞外败退回来的散兵？

臣乙：回来就不错啦。连堂堂的天子不是也被瓦剌"北狩"了吗！听人说，大明朝的五十万大军全军覆没了。

臣甲：触目惊心，触目惊心！土木堡一战惨败，而今京城人心惶惶，朝廷里一片惊恐，倘是也先再向前打，恐怕这大明的江山……

臣乙：凶吉难测啊。听说瓦剌大军已进逼紫荆关了。

臣甲：卑职听说皇上刚刚继位就已准备与瓦剌言和。还有传言说，万一瓦剌拒和，皇上就准备放弃京城南迁。

臣乙：啊？真有此等事？

臣甲：卑职只是耳闻而已。

（二人下。景帝朱祁钰垂头丧气，满面忧愁上。太监侍座。）

景帝（下文简称景）：（叹气）唉，自从朕继兄之位，真是多灾多难。而今瓦剌进逼京城，扰得朕日夜不得安宁。主战，兵少马稀；主和，一来瓦剌不肯，二来朝臣非议。唉，难啊……（徐有贞上）

徐有贞（下文简称徐）：臣徐有贞恭请圣安。

景：有事你就说吧。

徐：皇上，给瓦剌的金银珠宝、丝帛布匹已经送去了吧？

景：送去了。

徐：小小的瓦剌见到这么多的财宝一定满足，退兵之事大有希望！

（一太监急上。）

太监：启禀万岁，方才传报瓦剌军已破紫荆关，直奔京城而来！

景：（万分惊恐）啊！（静场片刻）来，给我酒。（太监送酒上，景帝痛饮，恸哭）朱家的江山恐怕要断送在我的手中了。（对太监）快传满朝文武速来议政。

太监：遵旨。（下）

徐：启禀万岁，京师北抵居庸关，东抵紫荆关，近者百里，远者不过三百里。居庸关，吾之背也；紫荆关，吾之喉也。如今紫荆关失守，居庸关被逼，实乃"扼吾之喉，拊吾之背"……

景：爱卿有何救危之方略？

徐：情况既然如此，我们战，兵甲不足，军心不振，难以取胜；守，更是寡不敌众。依臣愚见，不如将京城南迁，这样，一可免敌患威胁，二又挽社稷倾危，何乐而不为呢？

景：你是说南迁？

徐：臣下正是此意！

景：（沉思）你不知为君难啊！南迁虽有南迁之利，可是一旦番夷长驱直入，别说北方疆土难以保全，群臣也会多加责难，何不如在此抵抗片刻，或许尚可取胜。天命在上，难以违背。

徐：君言极是。臣昨夜仰观星象，只见荧惑已经冲入紫微，这是大凶大祸的预兆，天命已不在此，当应立即南迁以避敌锋。再说南迁之后，北疆虽失，您还是堂堂的天子；而固守京城，如有不测，那万岁就要和太上皇一样成为亡国之君，利弊得失皆在此举，望万岁速决大议。

景：这……这……待朕再思虑片刻。（由太监搀扶下。）

徐：南迁之事，十有八九。（一兵士上）

兵：启禀徐大人，奉兵部尚书于谦大人之命，宫中正在清除宫贼乱党，请大人速离此地，以免误受伤害。

徐：罢了。此事何急如此。你马上给我府里送个信，叫他们赶紧出城，如今圣上不久也要南迁了。

（急匆匆走下。宦党马顺手里提着包袱，东张西望地仓皇奔上。石亨、范广随后追上。）

石亨（下文简称石）：站住！乱臣贼子哪里逃！

马顺（下文简称马）：（一看日暮途穷，连忙"扑通"一下跪在二人脚下）石大人，范大人，饶了我吧，饶了我吧，看在万岁的面上，饶奴才一条狗命吧，奴才一生做牛做马，不忘大人之恩……

石：看在万岁的面上？（一脚踢开了马顺）你们这些奸佞宦党，上瞒圣听，下压有功之臣，使我战功赫赫的石亨竟无立锥之地，受尽窝囊气。（越说越气，劈头盖脸地一顿痛打）

范广（下文简称范）：（拔出剑）让我斩了这个乱臣贼子！

马：（叩头如捣蒜）奴才该死，奴才该死！（边说边打自己）只求石大人、范大人开恩。

范：哼！开恩？你们迷惑圣上率军亲征，使万岁遇难于土木堡。五十万大明兄弟丧命沙场，纵然将你千刀万剐也难解万民之恨，老子今天把你碎尸万段！（举刀要砍）

石：（挡住范广）听他临死前留个遗言。

马：（惊恐万状）哎呀！石大人、范大人，石大祖宗，范大祖宗，您们就开这一回恩吧！奴才什么都给您，（把包袱双手举上）这是金银，还有家里的房屋地契、丫头家丁、丝帛布匹，全都归您，只求……

石：（一脚踢落包袱）少来这一套！

马：（一下扑到石亨腿下大哭，继而又转向范广，抱其双腿痛哭）石大祖宗、范大祖宗，看在奴才双亲的份上就饶了我吧，奴才全家决不会忘了您们的大恩大德，年年给您烧香，叩头祝福。

范：（又举剑要砍）我先给你送了终。

石：（暗示范广后）哎，真是老天有眼，让你撞到我这样软心肠人手里。

马：（见有一线希望）石大祖宗，高抬贵手吧。

石：行啊。我石亨，也是讲孝道的，今天暂且饶了你这条狗命！（范广不解地看着石亨）

马：（叩头）石大人，石大祖宗，我的亲石大祖宗，我的石大老祖宗，您今天饶了我这条狗命，您就是奴才的再生父母，我日后黄泉之下也要报您这份大恩大德，我……

石：（不耐烦地）穷啰嗦什么。还不快滚！（马顺仓皇起来，跌跌撞撞地向下跑去。石亨从腰间拔出短剑。）错了，那边出不去。（马顺晕头转向地向另一方向奔下。石亨突然喊）马顺！（马顺一回头，石亨将短剑一甩正中其胸。）

马：你……你真……毒……毒啊！（倒毙）

石：（过去拔出短剑，拭擦着血迹，冷笑地）嘿嘿……真是一只胆小的兔子。

（于谦从宫内出，立于殿阶，手按剑柄，双目炯炯有神，见状微笑。）

石、范：于大人！

于：二位大人。

范：于大人。看！（指马顺）石大人一刀就完了。

于：罪有应得，这群阉党把社稷百姓引到了亡国为奴之边缘，死有余辜。来人，暴尸东安门外三日，以泄民愤。（二兵士将马顺尸首拖下。）

范：于大人，军情如何？

于：瓦剌军距离京城仅五十里，三日可达。

石：于大人，这次亏您在万岁面前为我石亨进言，赦免了我，您的恩德石亨一定铭心刻骨。

于：我只望你戴罪立功，像以前那样骁勇杀敌，报效皇恩。而今瓦剌敌寇正长驱直入……

石：此乃臣下效命之时，请大人吩咐。

于：好。二位大人听令。

石、范：在！

于：大敌当前，辅国重任义不容辞，我已请命皇上，封你二人为京城正副总兵，统领京城人马，死守京城。

石、范：遵命。石亨、范广誓与京城共存亡。

（内急喊“于大人，于大人”，一文官跑上）

文官：启禀于大人，万岁已决议南迁，现车马齐备，正在准备起驾。

于：（十分震惊）啊！（沉思）

（景帝、徐有贞和几个家眷、宫女上）

于：臣于谦恭请圣安。

景：罢了。朕已决意南迁京都。

于：圣上三思。南迁万万不可。（高呼）臣奏请万岁将力主南迁、动摇军心者立即斩首。

景：啊？你不同意南迁？

于：臣于谦已决意死守京城，甘愿以性命担保。

石：臣石亨……

范：臣范广……

石、范：与于大人同京城共存亡！

徐：万一京城遭劫，要你们的脑袋又有什么用？

于：圣上，京师乃天下之根本，宫庙、祖陵、社稷全在此，此处不守，将去何处？当年永乐文皇帝迁都于此，是为了让我大明江山代代相传，永葆京城固若金汤，北疆不受侵扰，百姓安居乐业。而今京城南迁，皇陵、宫庙为番夷践踏，百姓任人蹂躏，北疆任人掠夺，这样，大明江山岂不就要断送，您也就成了亡国之君啊！

景：南迁之后尚可再立都城。朕仍是君王，国泰民安于江南怎可说是断送江山，亡国之君？

于：番夷不道，犯我边疆，围我京城，倘若弃城而南退，彼即得志，更加猖狂，一定贪而无厌，那样，恐怕江南一隅之地也难以保全。当初，北宋国都南迁，历尽千辛万苦，颠簸海上，到最后还是国灭君亡，此事可鉴。

景：朕本不愿迁都，只是京城危在旦夕……

徐：是啊。土木之战后，京城剩下的兵士不足十万，有盔甲者仅十之一耳，况且多是一些老弱之人，怎能抵抗瓦剌军的强兵壮马，这于大人也不是不知道吧！

于：臣很清楚，但民心可用，这恐怕是徐大人所不知。臣方才巡视京城一带，百姓黎民对瓦剌愤怨之深，仇恨之大，前所未有。还有京城五军、神机各营几万敢死之士，也都要与敌军决一死战。如此军民，何功不成，何敌不克？

徐：近来连续出现大凶大祸的征兆，夏六月皇宫谨身、奉先、华盖三殿雷击起火，其后浙江巴江地动，陕西二处山崩，其声三日不绝，而今仰观星象，荧惑冲入紫微，如此征兆，抵抗必败，迁都方生。

于：徐大人，你虽上通天文，下达地理，但你唯不知瓦剌军侵我疆土、杀我黎民、掠我财物、涂炭生灵。天下兴亡，匹夫有责，岂可苟且偷安？今只能与社稷共存亡，与百姓同生死，与瓦剌决战于京城之下，溅血沙场，报效圣上，以全江山。而今你徐有贞身为朝臣京官，国难当头，侈谈南迁、天命，又私下将家眷送出京城，动摇军心，请问，徐大人是何居心？

徐：这……

景：徐有贞，可有此等之事？

徐：奴才该死，奴才该死，奴才只是想让家中老少早出城几天避避，兵荒马乱的。

景：此时此刻，你竟敢如此动摇军心，损我士气，该当何罪？

徐：臣知罪。

景：下去！待我处分。

徐：谢皇上。（下）

于：以此为鉴，有敢私下南逃者斩！

景：依卿之见。

于：臣于谦奏请，愿调南北两京、河南、山东、直隶、江北及北京诸府军士，速来京师勤王，以解瓦剌之围，如有贻误者斩！

景：依卿所奏！

于：臣于谦奏请，立即派人将通州所贮谷粮运往京城，免得为敌所获。

景：依卿所奏。其余御敌事项皆由卿裁决，可先斩后奏！

于：谢皇上，京城决战，臣于谦虽无才能，但愿尽股肱之力，运筹方略，率众御敌，请吾皇放心。

景：（非常感动地）朕有爱卿为国分忧，幸甚，幸甚，（指众大臣）尔等要与于大人勠力共心，解我社稷之倒悬。

于：臣誓死与京城共存亡！

众和：臣誓死与京城共存亡！（声音传得很远，在空中回荡着。）

（幕落）

第二幕

接前场

京城德胜门外

幕启：通往德胜门外的大道旁，远处的德胜门隐约可见，杨家一间临时搭起的十分简陋的小草舍，杨母正在纺车前纺线，杨丹在一旁打着帮手。

杨丹：妈！您别老是絮叨了！

杨母：絮叨？絮叨总比憋在心里痛快。

丹：妈！我是说您别这样整天没完没了的！

母：啊，你怎么知道做妈的没了儿子，这心里是啥滋味，等你当妈了就知道了。

丹：妈，您看您……

母：土木堡和你哥哥跑散了，我的心就好像被人摘走了一样，干活儿我安不下心，吃饭也不香甜，睡觉我老是梦见他，反正越怕想他，缠的妈妈这个脑袋简直是跟一团乱麻似的，这可真叫人没法儿。

丹：我就是怕您把身子骨弄坏了，才不让您这样絮叨。

母：唉，不想了，罪孽，罪孽啊！

丹：妈，昨天城里的人，又乱嚷嚷说瓦剌军已经进了紫荆关。

母：罪孽，罪孽啊，这百姓平时吃多大的苦也还能凑合，就怕遇上了兵荒马乱的年月，打呀打，这老天爷也不知道。

丹：妈，咱们从土木堡往京城去的这条路上，您看又死了不少人，从十里以外就闻到了臭味，我一见这些就特别害怕，东倒一个西躺一个，有的瞪着眼珠，有的张着大嘴，有的胳膊瘦得就像麻秸秆一样，还有这么一点儿的小娃娃也……

母：见着这些人，我就怕你哥哥……

丹：妈，您放宽心，哥哥说不定跑到大同去了，也说不定跑到关里来了，哥是个好人，他一定能活着。

母：好人？好人正经八百活着的能有几个？好人不长寿，好人不长寿啊！（远处隐隐传来炮声）唉，恐怕又要开仗了。这个大明国也真是太无能了，皇帝让瓦剌给抓走了，老百姓、牛羊马、锅碗瓢盆，什么都让人家给抢走了，这群朝廷的大官们，刮扯老百姓时个个如狼似虎，可国家有难了就个个像个老鼠，说起这些，我就气不打一处来。

丹：妈，您就是爱多生气，听说这次守卫京城的是新上任的兵部尚书于谦，您过去不是常常给我讲他的故事吗？

母：哎，哎，他可是个大好人，于谦这名妈听说过。他平冤案、修大河，嗐，干了不少好事。起初的时候，我也不信，后来咱们陕西发了大水，受了灾，当时你哥哥才一岁，没办法，只好怀抱着他，奔河南道逃荒去。路上没吃没喝，眼瞅着就不行了，可就在这节骨眼儿上，河南道开了粥铺，专门管这些逃荒人的饭，还让我们住了下来。当时，我心里挺纳闷儿，哪儿出来一位大青天，后来才打听出来，就是河南山西巡抚于谦，这样的大青天多有几个该多好。勇儿那年才一岁，今天该二十岁了吧。

丹：可不，二十岁整了。

母：这人也真怪，有时一说起高兴的事，就把别的都忘了。

丹：妈，那您就多说些高兴的事吧！

母：哪儿有这么多的高兴事，再说，这高兴的事只是说着时候痛快，可是说完了，想一想眼前，这心里就更不好受了。

丹：嗐，高兴的事总是那么少，生气的事总是好多好多的，要把这两个倒个个儿多好啊！

母：别乱想了，天不早了，你也该到街上去，把妈纺的这点线换了，量点粮食回来，什么也比不上这张嘴贵重啊！

丹：我这就去！（下）

母：路上可小心，别贪玩好奇。（自言自语）要是勇儿在也不至于这样。（进屋）

（石亨、徐有贞说笑走上）

石亨：徐大人，你们读书之人总是爱说一些奉承话，天花乱坠的……

徐有贞：石大人，这并不是我奉承您，自从您当上京城总兵后，真是忧国忘身，今日又身先士卒，躬巡城关。依老夫之见，非古代周公旦、诸葛孔明所能及的。这京城一仗，有您运筹，破敌指日可待了。

石：哈哈……徐大人，说着说着你又来了，我可要把你请下去了。

徐：老臣冒昧，失礼，失礼，不过老臣也看出仿佛大人心里尚有些不大放心。

石：是啊，自从土木堡之役，瓦剌军长驱南下，我大明军节节败退，全是豆腐捏的。昨天又听传报，敌军已破紫荆关，如果快的话，今日就可兵临城下，现在可不是你们读书人拍马屁的时候。

徐：哎，成，言之有理，言之有理。

（一士兵上）

石：传我的令，为了确保京城安全，将城外千米以内房舍，一律拆除毁掉。

兵：遵命！（急下）

徐：不知石大人使何妙计？

石：古代兵书上好像有个姓孙的说过一句话，哎，别咬文嚼字了。你看这，敌军是长途跋涉，我军是以逸待劳，敌人是缺粮少米，他想攻京城，没那么容易，我石亨非给他拿出点儿厉害来看看，让他来攻吧！

徐：妙哉！妙哉！石大人真是大将之才，神机妙算，智勇双全。有石大人在，京城一定可以保住。到那时，你石大人可就要青史留名了。

石：徐大人，您可又扯邪了。

徐：嗐，石大人，其实功名这玩意儿，谁人不喜欢？人生一世，有谁不为名，有哪个不为利？

石：我看也不尽然，像于尚书难道也是如此？

徐：这个……这人，当然了，各有所好。

石：哈哈……各有所好。哈哈……

徐：当然了，或有人功成名就，或有人求节守贞。至于于大人，究竟是何种之人，老夫实在难以揣测。

（范广火气冲冲地跑上）

范广（以下简称范）：石总兵。

石：范总兵。

徐：什么事这样火气冲冲？

范：烧拆城外房舍的命令是总兵下的？

石：正是。

范：请总兵恕我直言，我们都是国家大臣，获国家俸禄，食百姓谷粮。可现在却要焚房烧舍，使百姓无家可归，这还算什么国家干城？

徐：范大人，息怒，息怒！

石：范大人，这是误会，只因我没把方略晓以全军，误会，误会！

范：偏要烧拆民房干什么？

石：我这也是迫不得已，要想固守京城，留下这片民房就是一个祸害，敌军一到有了屏障，以此做天然盾牌，必然给固守京城带来隐患。

范：石大人，我们为什么不会出城布阵，偏要龟缩在城里？

石：范大人，兵法最忌讳背城而战，如果守不住，那么可就上天无路，入地无门了。

徐：罢了，罢了，二位虎将，大敌当前，不必再吵。老夫认为，只要保住京城，那么，二位大人，都是有功之臣。

石：范大人，社稷为重，还是百姓为重？

范：石大人，你看看去，一把火过后，一间房舍拆后，百姓们哭天喊地，无家可归，无处可宿，我……下不去手！

石：范大人，打仗是兵械相交，岂能儿女情长？

徐：是啊，范大人，你在沙场上是老虎，可现在都软得快成豆腐了。

范：你少给我阴阳怪气儿的！告辞！（下去）

徐：真是一员虎将，只是有勇无谋。

石：我最喜欢这样的人。

徐：石大人对这个人很感兴趣？

石：我希望在我的周围都是这样的人。

徐：对，对，对，那么，别人都是勇而无谋，石大人却是智勇双全。哈哈……

石：你们这些读书人，可真都是老滑头。

（二人下，杨丹急步跑上）

丹：（边跑边喊）妈！不好了，不好了！

母：什么事，这么一惊一乍的。

丹：哎呀，烧房子啦，城外的房子全烧了！

母：啊，瓦剌军来得这么快。

丹：不，是大明军！

母：（大惊）啊？大明军也烧？我的老天爷啊！穷人活着怎么就

这么不容易！烧，烧吧！反正这么活着还不如死了的痛快，就让他们把我老婆子一起烧死算了。（进屋）

丹：妈，妈！（追进屋去，杨勇带几个士兵上）

勇：林三儿，你们先把这儿的房烧了，我到那边去看看。

兵甲：是，杨指挥。

勇：咳，遭罪呀！（下）

兵乙：别愣着了，快干吧！（士兵们动手要烧，杨母从屋里出来）

母：你们要干什么？

兵甲：老婆子，对不住你，奉石大人之命为保京城，这城外要烧光拆光。

母：好啊，你们就烧，烧死你老奶奶，我倒省了买棺材钱了。

兵甲：老婆子，你想得倒周到。

兵乙：老婆子，你可别找不痛快！

母：你们这些狗官，咱谁也别想活得痛快！

（一头把于谦撞了个趔趄，阿丹上前就要厮打。士兵抓住杨母，杨勇抓住阿丹，举剑要砍。）

于谦：慢，刀下留人。

勇：（高举宝剑，待仔细看清是阿丹后当啷一声，宝剑失手落地。）阿丹，是你……

丹：你，哥哥……（杨母见到此景，挣脱出来，扑向杨勇。）

母：勇儿！（抱住杨勇大哭，于谦等人在旁面面相视，迷惑不解。）

于：这是怎么回事？

勇：哎呀，启奏二位大人，这是小的母亲与妹妹，土木之役时娘仨逃散，没想到今日在此相遇。（转向母亲）娘您看，这就是您说起过的于尚书于大人。

母：啊，哎哟，遭罪呀，遭了大罪了（叩头请罪）。于大人，老妪该死，老妪该死！

于：（搀起老人）您快快起来，不必了，不必了。（杨母起）请问老人家，何故这么大的火气呀？

母：他们逼得我们活不下去，倒不如死了痛快。

于：嗯？

范：启奏大人，刚才石大人说为了保全京城，需将城外能藏人的东西烧掉，以防瓦剌利用。

于：昏庸，昏庸，简直太昏庸了！来人！（一士兵上）马上传石大人到这儿来！（士兵下）

母：于大人，以前只听说您在山西、河南一带当巡抚十几年，尽给百姓平冤、赈粮、修河、治病，可还没听说给百姓烧房的事呀？

于：这，这，这是老臣的不是了。范大人，马上传令京城各军，有再敢滋扰百姓者，就地正法！

范：是！（转身向一士兵交代，士兵下）

于：（向士兵甲、乙）你们是来烧房子的吗？

士兵甲、乙：是，于大人。

于：你们手里拿的是什么？（两士兵相对无言）

范：快回大人话，（说着上前一把抢过士兵手里的东西，打开后见看是百姓衣物）混蛋！

（说着就拔刀）

（两士兵跪倒于地，连呼饶命）

于：范大人，饶了他们吧！他俩还不是听上司的。让他们快把东西送还百姓！（两士兵听此连忙叩头跪下）

勇：（拔出宝剑，双手高举跪在于谦面前）指挥在此，请大人正法！（众皆惊讶）

母：怎么？是你？你……你这个混账东西！（气愤得难于张口）

丹：（痛心地）哥哥，没想到你也干出这种伤天害理的事！

勇：娘，阿丹，于大人，范大人，我，我对不住你们啊！

于：杨勇，你可是民之所生，因生活所迫而吃粮当兵，你可知道这百姓平日之苦吗？

勇：（跪下）小人知道。

于：知道就好，百姓逃灾避难，苦苦奔波，未死于瓦剌之手，而死于大明兵下，你们衣食百姓，不思报效，反而荼毒，你知罪吗？

勇：小人该死！

于：来人！（一士兵上）

母：作孽呀！于大人，我这辈子作孽生下这么个不争气的儿子，这可让我怎么办啊……老天爷，我好命苦啊！（抽泣）

丹：妈……我们天天想哥哥，盼哥哥，谁知他……（扑到母亲怀里大哭）

于：（面对这意外相逢的母子三人，想着刚才发生的事情，心中十分不平静）杨勇，我本该将你正法，但念你是初犯，且已知罪，权且免你一死，你要知过而改。

母：还不快谢于大人，你这个孽种！

勇：谢大人，杨勇能免今日一死，定将效命沙场，戴罪立功。

于：杨指挥，现在令你前去办一桩大事，你可敢去？

勇：小人在所不辞。

于：好，你过来！（杨勇走过去，于谦对他低声吩咐）

勇：请大人放心，我杨勇这番定要立功。（转身欲下）

于：且慢，你回来！（解下宝剑递杨勇）事关重大，千万小心。

勇：是！（转身向杨母、阿丹告辞，下）

（石亨被两个士兵五花大绑押上来）

石：于大人，臣石亨罪该万死。

于：谁让你们绑的，快松开。

兵：是石大人自己让绑的，他说要负荆请罪！（松绑）

于：石大人，烧舍拆房的命令是你下的。

石：正是。

于：你怎么能下这种命令呢？

石：我只是想把京城保住就行，结果没想到给百姓带来了……

于：石大人，你本是一员虎将，在沙场上威震敌胆，为何这次如此胆怯，偏要龟缩到城里，而不到城外去与瓦剌决一胜负呢？

石：于大人，那可万万不行，兵法上最忌讳的就是背城而战。

于：是啊，我也这样想过，不过当年项羽背水而战，也是兵法之讳，可他们有破釜沉舟的决心，所以取胜了，古人尚可为之，今日更可为之。

石：于大人，您是最知道我石亨的，我今天能当上这京城总兵，还不都是当年在长城南北靠着一股勇劲，一把大刀，白着进，红着出，从来也没有胆怯的，可今天咱们是保卫京城，稍有疏忽，那……

于：正是如此，如今京城一仗，关系到我大明江山的存亡，关系到社稷的安危。我们是国家的干城，大丈夫生当战死沙场，此一腔热血，竟洒于何地？

石：于大人，听大人教导，我真是太糊涂了。我石亨向大人，向百姓请罪。（一士兵跑上报告，远外隐隐传来炮声）

兵：启奏大人，瓦剌大军在离我三十里处扎营。

于：再探！

兵：是！（下）

于：来者不拒！石大人，赶快起来，还是效命沙场吧！

石：我一定戴罪立功。于大人，您就等着瞧吧！（一剑将身旁木墩劈成两半）

（许多将领，士兵上场）

于：已驱大军前来，这京城难免一战！现传令速速将三军分扎九门之外，待机杀敌！

众：听！

于：（高声）诸位将军，军情紧急，凡有盔甲将士不出城者斩！临阵交锋，将不顾兵先退者，斩其将；兵不顾将先退者，后队斩前队！

众将官：得令！

于：将我们的热血沸腾吧！将我们的全部气力迸发吧！将我们的爱和恨凝结在刀锋吧！向着敌人杀，杀，杀！

众：杀！杀！杀！（自动成阵）

于：石大人。

石：在。

于：你先出阵，只许败，不许胜，如此这样，定能诱敌前来

石：遵命！

于：范大人！

范：在。

于：你率神机营前去埋伏，待石大人引敌前来之后，万炮齐轰，大军各出，定能胜敌。

范：遵命！

于：整兵备战血满腔，杀敌报国气轩昂！众将士！

众：（斗志高昂）在。

于：箭上弦，刀出鞘，击鼓进军！

众：（齐声和）箭上弦，刀出鞘，击鼓进军！（众亮相）

（此时，场上战鼓咚咚作响，人声鼎沸，呐喊声声，呼啸阵阵，响成一片。）

（幕落）

第三幕

景泰元年（1450）

皇宫大殿外

幕启：只听殿内女乐人声嘈杂，宫女、太监不时托盘捧盏走过，战后的庆功宴会正在高潮。

（徐有贞，范广上）

徐有贞：（微醉）恭喜，恭喜！范大人真是盖世英才，举世无双。

范广：徐大人，您过奖了。

徐：不，这一仗多亏有你这样社稷的栋梁，大败也先于京城之外，建奇功将永记于汗青之上，保我大明江山固若磐石。现在这京城谁不知你范广，范总督的鼎鼎大名已经家喻户晓喽。

范：徐大人，言重了。要不是于大人部署得当，得以忠义贯三军，躬披甲胄出战决胜于德胜门外，要不是石大人将生死置之度外，孤军深入诱敌于我军埋伏之处，我范广焉有此一胜？

徐：言之有理，言之有理！于大人、石大人都是这次保卫战的有功之臣，不过虽有运筹帷幄之人，也还要有决战于外之武将，你范大人就是当今之功臣，当之无愧！

范：不敢当，不敢当。

（杨勇上，见二人语，立于一侧）

徐：听说这一战把也先的弟弟也打死在城下了。

杨勇：这是我们范大人的功劳呢！

范：武夫效命沙场，何谈功劳。

徐：不，快讲讲！将来我们翰林院修史时，小小的来上一笔，可就青史永垂喽。

勇：那天，瓦剌军被石大人引入了我们的埋伏，只见冲在最前面的那个家伙骑着一匹高头大马，手持一把锃光雪亮的大刀，张牙舞爪地大喊大叫。只听范大人一声令下，我们神机营的火铳一下子就把他给撂翻在地。范大人带着我们冲了过去，那家伙拼死抵抗，可哪里扛得住范大人的大刀，像切西瓜一样，那家伙的脑袋骨碌一下子就被砍了下来，血还溅了范大人一身。

徐：这么说范大人是立了头功了，（若有所思）那后来呢？

勇：我们把首级交给了石大人，后来听说也先回去痛哭一场，我们才知道那家伙是他弟弟。

徐：噢，是这么一回事。范大人真是勇冠三军，哈哈……

范：徐大人，您看见石大人没有？

徐：怎么，你找石大人？

范：石大人说让我来一趟，刚才兵部连连接到边关奏报，大概是边塞战事吃紧。

徐：噢，他可能还在里面痛饮，你去看看。

范：少陪了。（与杨勇向里面走去）

（石亨急匆匆地上）

石亨：徐大人。

徐：哎哟，石大人，京城保卫战的首功之臣，恭喜，恭喜你！

石：你这可是第十次恭喜了，让人耳朵都听得起茧子了。

徐：石大人，我的每一次恭喜都不相同，这一次就更是大不一样了。

石：（手中拿出玉带）徐大人，你的占卜可真是太灵了！我那天就揣着这条玉带，想着您给我占卜的吉利话，嘿，只听那箭嗖嗖地从头上、耳朵旁、身子边往后飞，可就不往身上落。这次大战我石亨九死一生，还要多感谢你呀！

徐：感谢我……哈哈。

石：你真是上通天文、星象，下知地理、吉凶，是当今难得之才啊。

徐：难得之才……哈哈。

石：（迷惑不解，稍有怒色）唉，你笑什么？

徐：（一字一顿地）我的石总兵大人，我的武清侯石大人。

石：什么？武清侯？

徐：圣上看到了你斩首也先弟的请功奏折，欣喜万分，大为赞赏，当即封你为武清侯。

石：真的，这些都是真的？

徐：圣旨马上就到，这是从秉笔太监那儿传来的。

石：总算有我封侯的这一天，来，咱们再痛饮一杯。来人呀，上酒来。（一士兵端酒上）

徐：里面正在大宴庆功，你不去可就扫兴了。

石：今天我高兴，愿意在哪儿就在哪儿，来，喝！

徐：来，我先敬你一杯，祝贺你封侯。这再往后，石大人可真是前途无限喽。（二人对杯，石亨一饮而尽，将酒杯抛到一边）

石：这个太不痛快（举起酒坛倾坛而尽），徐大人，今日逢喜，加上你我说得投机，我有什么话就不瞒你说。当年，我还没出头时，一次饮酒，一个相面的打我身边一过，一下子就怔住了。

徐：有何奥妙？

石：他把我这脸仔细地打量了一番，连忙拱手道“好面相，好面相”，转身就走。老子一把将他拉住，他连忙开口道：“大老爷，请你息怒，刚才是怕生变故，不敢胡言乱语。大老爷既然非让说，我也就讲了吧。大老爷，你有封侯之相啊。”你看看，事隔多年，果然应验了。

徐：（不无所指的）我说石大人，你还真是什么都信啊。

石：这也是皇恩浩荡，我石亨不过打死了一个小小的太师也先之弟，竟得到圣上如此恩宠，真是诚惶诚恐啊。

徐：（故意地）臣下对也先之弟被击毙的过程饶有兴趣，这真是可惊天地、泣鬼神之壮举。石大人能否将当时之战况详细告知，让我也长长见识？

石：（十分尴尬）这个……这个，不足挂齿，不足挂齿，（转而理直气壮地）不过是他自己撞到了老子的刀口上。我石亨出生入死，久驰沙场，斩过名将无数，一个小小的也先之弟何足挂齿！

徐：（奸诈地）不过刚才范大人讲的好像与大人所言略有不同。

石：（大吃一惊）什么？范大人刚才和您……

徐：哈哈。

石：这么说你全知道了，（手握宝剑，步步紧逼）怎么，想去告我？

徐：（连连倒退）不不不，我只是为石大人担心，怕万一事情败露。

石：算了，大概你是看到京城一战，我们都立功受封，心里嫉妒了吧。可谁让你当初胆小如鼠想南迁……（转而恢复语气，和好地）不过看在咱老交情的份上，我可以向万岁启奏，举荐你。怎么样，我石亨够朋友吧。

徐：（刚要下拜，被石拦住）石大人，早闻你重义如山，今日一见果然名不虚传，你真是我的知音啊。

石：罢了，罢了。与人方便，自己方便，今后只要你我勠力同心，有什么事办不成？

徐：今后可就多靠你石大人提携了。

石：今后还要多仰仗徐大人出谋划策喽。（二人相视而笑）

徐：彼此，彼此，哈哈。

（范广、杨勇上）

范：石大人，到处找您。

石：（不自然地）我也正在找你。

范：有何事吩咐？

石：军情急如火，刚才边关又告急。

范：该如何，您就吩咐吧！

石：那就请范大人辛苦一趟。

范：好，我这就去。（与杨勇下）

徐：（望着二人远去的背景）石大人，你这是一箭双雕啊，不过现在范广虽然走了，可打死也先弟之事早晚也要露出破绽。

石：嘿，有水喝总比渴着强，以后再说以后的。

徐：不过，臣下倒有一孔之见。

石：你快讲讲。

徐：京城战后，国家安危已定，万岁早将一切朝政放在脑后，终日沉湎酒色，可他唯有一桩心事常常放不下。

石：是桩什么事？

徐：如今的东宫不是万岁的亲生儿子，将来驾崩，这皇位……

徐：正是，可是皇上又怕天下舆论反对，不敢贸然行强。我们可趁此上奏，请求更立太子，这样便可解其心中之忧，又必将赢得皇上的欢心，到那时……还愁不受宠于朝内，还怕背上欺君瞒上的罪名吗？

石：你这个老滑头，好！就这么干！

（内喊：“圣驾到！”景帝已喝得烂醉，几个宫女、太监搀扶上。）

石、徐：臣石亨、徐有贞见驾。

景帝：平……平……平身。

石、徐：谢皇上。

景：你们不进去喝，在这儿讲什么呢？

徐：启奏皇上，这次京城一战多亏您运筹帷幄，高瞻远瞩，真是皇恩浩荡，圣德无涯，终于大破瓦剌，使我大明社稷稳如泰山。您真是当代无比之圣贤，过去虽有贤君圣主，可比起您来那简直就是鸿毛比泰山了。

景：讲得好，好极了，我爱听极了。

石：皇上，臣下还有一桩事要启奏。

景：爱卿尽管讲来。

石：臣下要请求皇上在这大胜之际更立东宫，使江山更为稳固。

景：（为之高兴得大为震惊）什么？你说什么？

石：臣下请求更立东宫，以正国体。

景：好，好极了！寡人万没想到朝臣之内竟有如此忠臣，你早就应该奏报了。石亨！

石：在。

景：京城一仗，只封你个武清侯，太小了，太小了，朕再赐你良田千亩，白银万两，受二品俸禄。

石：（下拜）谢皇上，万岁，万万岁！

徐：（提醒）石大人。

石：噢，对了，启奏万岁，这也是徐大人的意思，只是我先出口，其实他在肚子里也说了。

徐：对，是啊！臣下早就朝思暮想地盼望更立太子。

景：朝内忠臣如此之多，凡是请求更立太子的，一视同仁。

徐：谢万岁，万万岁！

景：喂，于大人何故没到？

徐：（话中有话地）启奏皇上，于大人虽名为兵部尚书，而实掌宰相之权，国中之事，无论大小都要亲自裁决，恐怕繁忙得很，无暇……

景：（颇有不快）算了，现在不是兵临城下了。

（内喊："于大人到"，于谦风尘仆仆上）

于谦：臣于谦见驾。

景：平身。

于：谢皇上。

景：今日寡人设宴庆功，于爱卿何故来迟啊？

于：启奏皇上，方才瓦剌残军再次犯关，臣恐其狡诈叵测另生变故，多做布防，迟来一步，请圣上恕罪。

石：臣下已让范总兵率军前去克敌巡关。

景：于谦。

于：臣在。

景：京城一战，你功绩赫赫，而今又为我大明社稷如此辛劳，朕十分感激，特加封你为少保，赐宅西华门，望你永远和朕同舟共济、匡扶明室。

于：圣上如此知遇之恩，臣纵肝脑涂地也难以为报，臣愿为大明之中兴，为解天下生灵之倒悬，即使粉身碎骨也在所不惜，不过……

徐：什么？

于：赐宅一事就罢了吧。

石：于大人过谦了吧？

于：圣上皇恩浩荡，臣死不敢忘。只是如今外有国耻未雪，内有满目疮痍待兴，臣子不敢自安，敌患未除，何以为家？

景：这……

徐：启奏皇上，既然于大人推辞再三，执意不肯接受，依臣之见，不若恩荫其子于冕为官，以了圣上之愿。

景：既然如此，就封他做府军步卫。

于：启奏万岁，臣万万不敢依父辈之功为子求官，使其位号而无功，俸厚而无劳，这样下去，必遭天下非议，大失将士百姓之心，于宗社和皇上无益，望皇上三思。

景：（不悦）那就算了吧。

徐：于大人真是一片赤诚之心，可钦可佩。

景：刚才诸位上奏要求更立太子，不知爱卿意下如何？再过几日，我那宠儿见济就该过生日了，可他至今还没立为东宫，名不正、言不顺呀。

石、徐：所以请皇上早拿主意，使臣早得少主。

于：臣启奏皇上，在下以为当务之急乃是整顿边防，发展生产，国安后，再议更立东宫未迟。（从袖中取出一份奏折）这是臣的建议。（递上，景帝毫无兴趣地随便扫了几眼，交与太监）

景：你以为现在不能更立太子吗？

于：臣以为更立东宫非同小可，应与群臣商议之后再定，否则恐怕舆论大哗……

景：（大为不满）好了，我好像已经很累了。

太监：起驾了。（景帝由宫女、太监搀扶下，于谦突然发现自己的奏折被扔在地上）

于：皇上，皇上。（想要去追，忽然停下，望奏折沉思）现在不是兵临城下，皇上也非当日之皇上了。

（石亨、徐有贞在一旁会意地交换了眼色，露出一丝奸诈的微笑。）

（幕落）

第四幕　百姓青天

接前场

京城德胜门外

（幕启）

杨丹：（边干活儿边轻声哼着小曲）“京师一战啊传捷报，军民奋战也啊也先逃，国泰民安啊享啊享太平，百姓黎民乐啊乐陶陶。”妈！都什么时辰了，哥怎么还不回来？

杨母：看你急的！如今你哥哥可和以前不一样喽！不光京城一战他立了大功，这次跟随范大人去紫荆关追击残敌又立了大功，当了指挥，要办完官家之事才好回来吧！

丹：哥哥真好！天底下没有比他再好的人了。

母：那还不是多亏遇上了于大人、范大人这样的大好人啦！

（范广上）

丹：范大人。

母：哎哟，是范大人，快快请坐。

丹：唉！我哥哥怎么没跟您回来。

范广：噢，对，对！马上就到，方才路过集市，他说去买点东西，孝敬孝敬妈妈，也让妹妹高兴高兴。

母：不错，还没把我们给忘了。你们这一趟可够辛苦的。

范：没什么，这仗打完后，国家就能安生了。唉，我说杨老太太，这一仗你儿子可立了大功。

丹：范大人，上次哥哥说京城之战，也先是被您给斩首的。

范：区区小事，何足挂齿。

母：这可怪了，听人说石总兵说是让他给打死的，朝廷就为了这事，又是给他封侯，又是封赏的。

范：嗐！石总兵这人就是如此，喜欢弄个功、闹个名的。他既然说是他打死的，就算是他打死的吧，免得闹得挺不痛快的。我范广这辈子只图报谢圣上和于大人对我的知遇之恩，别无他想。

母：唉！天下为官的要都像你和于大人这样就好了！

范：大妈，向您告辞了。

母：哎！今天怎么这么坐不住啊？

范：我是一来给您带信儿，杨勇说怕您着急，二是来看看您，事办完了，我也该回家看看了。

母：怎么，你还没回去？

范：马上就回！

母：你可真是。

范：好，告辞了。（下）

母：真是个好人，大好人。（进屋，杨丹在外面收拾，不时向远方望去。）

丹：（突然发现了什么）妈，妈！哥哥回来了，哥哥回来了！（兴冲冲跑下，母从屋内走出。）

母：是勇儿回来了，是勇儿回来了。（杨丹被几个石亨的家丁逼上）

家丁：（不怀好意地）哥哥？怎么，你亲哥哥来了不喜欢吗？

家丁：哈哈，哈哈。

母：你们找谁？

家丁：找谁？找这块地，看看这鱼鳞册吧，这儿，姓石了。

母：胡说，这块地是于大人真心诚意地让用来安置关外逃民的，怎么会姓石了！

家丁：怎么？你装糊涂！不知道京城这一战我家石老爷战功赫赫，万岁爷皇恩浩荡，把这块地赏给我们石大老爷了吗？

母：我只知道也先他们刚走，百姓们刚过几天安生日子，可你们又让我们走，这……这让我们往哪里走啊！

家丁：往哪走？哪都行！天涯、海角、天堂、地狱随你便，随你挑，只是这方圆百里你不能待！

母：这土地就像天上的太阳、井中的水，离开了它，我们百姓没法儿活，我们不走！

丹：我们就不走！

（一家丁在一边上下打量着杨丹，露出一丝奸狡的微笑。）

家丁：不走？不走也行，不过土地我得收。姑娘，你可以到我们石府去当个丫鬟，老婆子嘛……

母：混账东西。

家丁：来人，立界桩，带人！（杨母冲上去，要拦住，被家丁一拳打倒在地，杨丹冲上去，被两个家丁抓住，挣扎着。杨勇这时带着买来的货物上场，见此情景抛下货物冲了上来，顺手将抓住的家丁推到一边。）

勇：混账，你们是干什么的？

丹：哥哥！

母：勇儿！

家丁：噢，大公子回来了，告诉你，皇上把这块地赏给了石大人……

勇：这块地是于大人专门安置逃民的！

家丁：那我就没听说了，来人（又一群家丁上），带人立界桩！

（杨勇怒不可遏，与家丁搏斗，但终因寡不敌众，被家丁扭住，杨勇兄妹在哭喊、叫骂声中被拖走，杨母挣扎着往外爬，屋外传来一阵阵钉界桩的声音。）

母：天啊！这是什么世道啊？让百姓没法活啊！（气愤地）我，我，我上京城告你们去！

家丁：告我？告石大人？哈哈，天大的笑话！你去，你去呀！

（杨母踉踉跄跄而下，石亨从暗处走上。）

家丁：石大人，您来了！

石亨：嗯，有功之臣！

家丁：谢石大人，刚才这个穷老婆子还说要告我们。

石：那是她瞎了眼。我石亨大战有功，官位显赫，皇帝老子也让我三分，难道还怕她一个老婆子？

（幕内一阵喧杂声，于谦风尘仆仆，在杨母、众百姓簇拥下上。）

于谦：石大人。

石：是哪阵风把您吹到这儿来了。

于：巡视各地，顺便来看一下灾民。石大人，刚才路过京畿，百姓接踵而来，纷纷告你霸田夺宅，还强抢民女，可有此事？

石：这……臣下刚来，不知细情。（问家丁）怎么回事？

母：就是他们把勇儿和阿丹给抓走的。

家丁：启禀于大人，这些流氓是恶语中伤，没影儿的事。

于：这么说，倒是他们的不是了？

家丁：那当然。

于：把人带上来！（杨勇、杨丹、几个石府家丁被带上，石亨见状大惊）那请问这人是谁带走的？（又指界桩）这界桩又是何人立在这儿的？

石、家丁：这……

于：请教石大人，这到底是怎么回事啊！

石：（凶相毕露地）于大人，别忘了，这是皇上封赏给我的地，我说干什么，就干什么，恐怕于大人你操心太过了吧！

于：（愤愤地）那这些无家可归的黎民百姓你欲逼之何处？

石：（蛮横而心虚地）这，这我管得着吗？地是皇上封的，待会皇上游猎路过此地，你去启奏皇上吧！真他妈的多管闲事，

走！（率其家丁一拥而下）

母：于大人。

众百姓：于大人。

于：众位父老，于谦一定为民请命，请暂回家中，免得家人惦记。（向杨家三口）打完仗，你们也该团聚了。

母、勇：谢于大人。（众百姓、杨母下）

（内传：皇上驾到，皇上驾到！）

（远处嘈杂的人声由远及近，皇上手持弓箭兴致勃勃，在徐有贞、众太监、宫女、将士陪同下上）

徐有贞：在此稍事休息片刻？

景帝：不必了，不必了。人生竟有如此之乐。唉，那只小鹿跑到哪里去了？（四处张望，欲去追寻）

于：臣于谦参见皇上！

景：（意外地）怎么你也在此游猎？

于：不，启禀皇上，臣下巡视京畿地带，遇一重大事宜，亟须启奏皇上。

景：（甚为不满）什么事这么着急啊？

于：臣下听说皇上把此地恩赐给石大人了？

景：（心不在焉地）嗯，是有这么回事。

于：此处有数万无家可归的百姓在此安身。如今他们田宅被占又无家可归，便纷纷伏阙，上书请求皇恩润泽天下百姓，归还田宅。

景：噢，我还当什么惊天动地的大事呢。于大人，我现在没时间听这些，仗打过了，我要清清静静地享几天福了。有贞，待会儿回宫准备了什么新玩意儿？

于：万岁！

景：（摆了摆手，示意不要打断他和徐的讲话。）

徐：启禀皇上，我知道宫中那细乐、歌舞您早就听腻了，今天特意为您准备了一场蹴鞠。

景：嘿，这新玩意儿可还没玩过，怎么个玩法？

徐：万岁，这个玩意儿可由来已久，据史书记载最早传言乃黄帝所做。

景：咦，奇怪，我怎么没听说过呀？

徐：蹴鞠虽传言黄帝所做，可真正见于记载乃是《史记》和《战国策》上，其曰……

景：（早已不耐烦）我没问你这个，问你到底怎么个玩法。

徐：臣子该死，来人！（三个太监上）快给皇上蹴鞠看看。（三太监开始蹴鞠，景帝聚精会神地看着，徐有贞在一边得意扬扬，于谦在一边痛苦地注视着这一切。）

景：有趣，太有趣，（上前与太监一起蹴了几下）太有趣，太有趣了，你可真是寡人心腹。啊，来人，给我重重赏赐徐大人。

徐：谢皇上。

于：皇上，于谦今为京畿受难百姓乞求您，将土地宅舍还天下百姓，施皇恩以赢民心！

景：朕之赏赐从不更变，区区宅地何至如此？

于：皇上，土地乃百姓之根本，百姓乃社稷之根本，如今这样把土地随意赏赐，天下百姓何以为生？何以为活？！这……这不堪设想啊！

景：罢了！用不着你为百姓叫屈了！

于：启禀皇上，于谦在外做巡抚十几年，深知百姓之苦，若百姓不保，社稷倾危恐不远矣，臣于谦愿以性命乞求皇上……

景：（大怒）住口！朕还没有昏庸至此，朕乃贤明君主，你敢如此大胆！

于：皇上，良药苦口利于病，忠言逆耳利于行啊！

景：于谦，你欺我太甚了！

于：（跪下）皇上，臣再次请求把这土地宅舍还于生灵……

景：于谦，你京城一战立了大功，就了不得了吗?!你要知道，现在不是京城保卫战了，赐你田宅你不要，赏了别人你又抢；你太无礼了！告诉你，朕的旨意一个字也不许动，朕之话半点也不能改。我是堂堂大明王朝的天子，我是九州之冠，我是群龙之首，我是社稷之魂，我的话就是王法。

徐：皇上息怒……我们该回宫了吧！

景：起驾！

（于谦拜伏在地，景帝、徐有贞等下，于谦既而望其远去的背影，仰天长啸。）

于：于谦忧国为民的一腔热血竟洒于何地？洒于何地？问苍天，生灵涂炭，奸贼横行，圣上昏聩，我于谦为民请命，何罪之有?!问大地，苦口良言，一片丹心，尽忠报国，我于谦为民请命何罪之有?!（于谦痛苦地来回踱步，突然大声命令）去！把刚才抢劫民女的石府家丁给抓起来……斩！不杀邪恶风，民愤万难平！

（众乡亲搀扶着杨母陆续上）

母：请于大人做主，把土地还给我们吧！（跪在于谦面前）

众乡亲:（纷纷跪下）请于大人做主，这是我们的命根子呀！

于：（扶起杨母）这是皇上赏赐给石大人的，我于谦……

（杨母又一次跪下）

母：于大人，您是知道的，这些年来，兵荒马乱，一天安生日子也没有，如今好不容易有了落脚之地，可又让皇上封给了什么十（石）大人、百大人。我们农民不能没有土地，就像不能没有太阳、不能没有泉水一样！皇恩浩荡，为什么不给百姓一丝一毫，人虽不语天自知啊！苍天啊！你睁开眼，说句话吧，给我们百姓指一条活路吧！

（杨勇上，阿丹与杨母抱在一起哭着，百姓都围上哭泣着）

母：哎……可怜我们娘仨，团聚了又无家可归。老天爷啊，人间道路千万条，哪条路能让我们走？哪条路能让我们行啊？！

（于谦茫然地、轻声地，逐渐大声地）

于：哪条？哪条？！哪一条？！（转向杨母）老婆婆，你们就在这吧，只要我于谦一息尚存，就要为民请命到底。瘴海云迷何所惧，自缘忠义存心正。来人，拔掉界桩！

（杨家三口及众乡亲一起跪在于谦面前，齐声）

众乡亲：谢谢青天老爷于大人。

青天老爷于大人！

青天老爷于大人！

青天老爷于大人！！

（音乐声中，于谦不敢当地推却着，搀扶杨母。）

（幕落）

第五幕

第一场

“意欲”陷害

景泰八年（1457）

幕启：京城皇宫（夜，阵阵微风吹入，烛火吹得摇摇曳曳，景帝还在案前似为何事烦恼，两个宫女侍立于后，侧立一小太监。更鼓传来，已三更时分，几声鸦鸣，景帝骤然将头抬起。）

（徐有贞上）

景帝：（将手中奏折摔到地上）良药苦口，良药苦口，犟老头子，我早就听够了。

徐有贞：又是于尚书的奏折？

景：除了他，还有谁敢和朕作对？想此人前些日子倒确有些战功，保存了我社稷，可谁想，他就拿此当了要挟朕的筹码，真真可恶。

徐：请问皇上，听说于尚书接二连三上书……

景：咳，还不是打着为黎民安社稷的幌子，要骑在朕的脖颈上，要不是看在京城保卫战他有功的份上，我就……

徐：是啊，京城一战后，于谦身价倍增，大权在握，文武百官皆位其下，名为兵部尚书，实则当今之宰相……

景：（异常恼火）你别说了！

徐：皇上，这微风起于青蘋之末，不可不防啊，想那于谦地位愈高，君王在百姓的眼里，可就愈来愈轻喽，如此下去，恐怕……

景：怕什么？

徐：只怕众臣民只知于谦而不知皇上了。上次在您给石大人的封地上，于谦不但不给石大人一点面子，斩了石府家丁，煽动流民继续留在您给石大人的封地上，并说什么“民为重，社稷次之，君……”

景：君什么？

徐：君……君为轻……

景：（气得发抖）荒谬！荒谬！好个不知死活的老头儿，始终不改你那骄横的秉性。你一贯欺压朕，专权专威，不忠不信。君为轻？朕是天之所生，地之所载，神之所使！于谦呀于谦，朕怎肯如此！

（石亨上）

石亨：臣石亨参见皇上。

景：（稍微喘息）石大人，更立东宫事何如？

石：臣正是为此一事特来上奏。自圣上有更立太子之旨意，满朝文武一呼百应，唯有于谦、范广等辈，对此漠然置之。臣近得到奏报，其曰：于谦、范广等辈结党营私，窥测时机，图谋不轨，妄想立襄王之子为东宫。

景：原来如此！

石：依臣之见，于谦正是想借更立太子为名，犯上作乱，毁我大明江山，这是图谋不轨啊。

景：无怪乎于谦一而再、再而三的反对更立太子。

徐：皇上，此事如果成功，景泰年号就要变更了吧？

景：妄想！于谦过去虽是有功之臣，可当今是有罪之臣，于谦，（一字一顿忽然切齿）你保我朱家社稷，难道你的话就不可更改了吗？（歇斯底里地）为什么你时时刻刻像一片乌云一样罩在我头上，专横昏暗的老东西啊！（外更鼓响）

徐：此患不除，国无宁日，那倒霉的日子就在后头呢！

石：是啊，此患不除，对皇上您……

景：国无宁日，朕也无宁日！石总兵，朕令你和徐大人一起办理此事，于谦一日不除，朕无一日安宁。

石、徐：那将他……

景：卿职责所在，自行权衡。

（景帝起身，随侍从下）

石：于谦不除，皇上没安静的时候，老子也倒大霉了。

徐：石大人，这回你可是一朝权在手，就将令来行了。

石：哪里，倒要请教大人。

徐：卑职有一计献上。（向石附耳低语）

石：徐大人，你还真有两下子，“意欲”，好个“意欲”，就是连秦桧那老小子活着也比不上你高啊，哈……（石大笑，徐阴狠地大笑）于谦啊于谦，你平我封地，杀我家奴，责我失职，处处和老子过不去，想不到你今天落在我手中！（将佩剑拉到身前，满脸杀气）

徐：臣下倒要请教大人何故与于谦结此深仇大恨，听说他还是你的恩公，土木堡之变后，要不是他保奏大人，恐怕……

石：别提过去了。于谦啊于谦，他是我脑顶的一块顽石，脊背的一根芒刺，他妨碍了我的功名大业，（疯狂地挥舞双臂）有他在就没有老子的。谁挡我，我就要宰了他。

徐：（心里暗语）好狠毒的王八羔子。

石：这就是嫉妒的力量，哈哈，我石亨武艺绝伦，智谋无比，本可以在朝大显身手，封侯晋爵，可偏偏出了个于谦。他就像一颗沙子塞进了我的眼睛，我永远也容不下他。他为百姓请命，喊冤叫屈，大得民心，天下黎民赞扬的是他；他两袖清风，不奉权贵，朝廷文武百官，歌颂的是他。我的才能不如他，但我有嫉妒的力量。就为这我和他于谦结下了难解的冤仇，我恨不得立刻把他撕成碎片。我要杀他，我要让天下颂扬之声，全是给我石亨的。让天下的功劳全归于我，让我石亨的名字，流芳千古，永垂汗青。

徐：哎呀，壮哉，壮哉，这简直是老虎的呼啸啊。

石：就算我是一只老虎，如果把我关在笼子里，也许我会默默无闻地死去，可现在放我出来了，那我就要吞掉一切障碍，（疯狂一般地大笑）哈哈……

徐：石大人，臣下倒是要提醒大人，这事可要干得利落，一旦走漏了风声，可就……

石：哎，你就放心吧，我的智多星，有你的“意欲”之罪名，他于谦就是浑身长满嘴，也说不清了呀，你就等事成，皇帝那头儿再封你个大官当吧，哈哈……

徐：老夫惭愧，多赖大人提携，哈哈……（两人相视狂笑）

（幕落）

第五幕

第二场　慷慨悲歌

接前场

京城诏狱

幕启：天气非常炎热，似大雨将临，狱内一盏昏暗的油灯，东侧一张案几。午后昏暗，幕后不时传来拷打的声音。

（石亨和几个亲信上）

石亨：事情办得怎么样了？

兵甲：启禀老爷，尊圣旨已把于谦朋党捉拿归案，听候处理。

石：该斩的斩，该充军的充军，可要干得干净利落。

兵甲：是。（下）

石：（向另一士兵）于谦到底招供没有？

兵乙：各种酷刑均已加身，他只是一言不发，反而仰天大笑，真使人害怕。

石：那范广呢？

兵乙：范广只是破口大骂。

石：骂？哼，我让他们笑到头，骂到头，哭去吧。来人，给我狠狠地整。

兵乙：是。（下，另外几个士兵提着一个大箱子上）

兵丙：启禀老爷，于谦府第已全部抄毕。

石：金银首饰、珍宝玉器有多少？

兵丁：没有见到。老爷，别提了，什么都没抄到，就这一个箱子还能提来。

石：那家眷妻妾呢？

兵丁：家眷寄居杭州，只有于谦一人身居京城，其妻早丧，未曾续娶，无妻无妾。

石：那丫鬟、佃农呢？

兵丙：只有几个护院。

石：（恼火地）还有别的吗？

兵丁：还有这些书，一张画像。（递给石亨一张画像，石亨看不懂）

石：快请徐大人。

兵丁：是。（下）

兵丙：找到于谦住宅，唯见正堂紧锁密封，砸开后就有这么一个箱子，我想此必是珍贵之物，故请大人亲自开启。

（石拔出宝剑，将箱子劈开，只见里面都是御赐的铠甲、冠带、弓箭）

（徐有贞上）

徐有贞：石大人，小臣给您贺喜啊！（连连摇头献媚）这回抓了于谦，您官运亨通，抄了于府，您发大财呀。哎，我说，您这好运交上了，可别忘了我呀……

石：别提了，徐大人，这个喜您还是少贺吧。真丧气，就抄出这点东西，老子是大老粗，请你给看看这玩意儿值银子不。（递画像）

徐：是吗，是吗。（接画）哎呀，此乃南宋文天祥的画像，对，是他。

石：这上面写的是什么骚玩意儿。

徐：（念）呜呼文山，遭系之季，殉国志身，舍生取义，气吞寰宇，震撼天地，陵谷变迁，南殊南异，坐卧小间，困于羁处，正色直辞，久而愈后，难敬者心，可畏者天，宁正而死，弗苟而全，……孤忠大节，万古修传……

石：（气急败坏）别念了（将画像一把夺过撕碎）晦气，这些又是什么玩意儿。

徐：（翻看，大惊失色）啊，这全是圣上赏赐之物，素来听说于谦效命圣上，无时不感激圣上知遇之恩，平日把此物密封，每岁谨见一次，以励己身，今日一见，果然如此。

石：来人，把这些东西全给我抬走。

士兵：是。（将物抬下）

徐：石大人，如此看来，想让于谦招认“谋立外藩”的罪名，再名正言顺地处斩，恐怕……再说，现在满朝文武，非议汹汹，纷纷为于谦鸣冤叫屈。京畿、河南、江西百姓接踵而至叩阙上书，你我之辈如不趁此极宠之际将他除掉，遇有不测风云，到时恐怕就追悔莫及了。

石：对，先斩后奏。人死之后，还不是听凭我们编排。

徐：这瞎驴拴上了磨，可就卸不下来了。

石：（凶狠地）无毒不丈夫！

徐：破釜沉舟！（徐、石耳语）

石：……是杨勇，我故意让他……

徐：就让他最得意的人把他干掉，哈哈（二人会意大笑）

兵甲：启禀大人，于谦、范广带到。

石：带上来。

徐：不必再和他们纠缠了吧。

石：我只想开开心，他过去可把老子整苦了。

（内传来范广的连声叫骂“奸贼误国”……范广和于谦被打得遍体鳞伤，身披镣铐上）

范广：你们这群狗彘不如的奸贼，欺君瞒上，陷害忠良，我恨不得生啖你肉！

石：放肆，老子吃你的肉！

徐：范广，你竟敢辱骂忠国公石大人，这可是罪加一等。

范：呸，你这个奉承拍马的奸佞之徒。

石：徐大人已经是华盖殿大学士，礼部尚书了，你竟敢如此辱骂在朝大臣，罪上加罪。

于谦：（嘲笑地）忠国公？礼部尚书？大学士？哈……我大明江山就败在你们这些狗贼手里。

石：于谦，你们结党营私，企图谋立外藩，倾覆皇室，如此弥天大罪，如何处置，我倒要请教。

范：无耻！于大人光明磊落，满朝文武有目共睹，他一生舍身报皇上知遇之恩，对皇上赤胆忠心。你们陷害忠良，天理难容！

于：范大人，争辩什么，他们就是要置我们于死地，这倒使我看到了一出人间悲剧。想当初，秦桧用“莫须有”之罪名将岳飞置于死地，向金人奴颜婢膝，卖国求荣；而今你们这些无耻的奸臣贼子，想用“意欲”之罪诬陷忠良，饮吾鲜血以封爵，食吾皮肉以受赏，踩吾尸骨以专权，纵使把你们千刀万剐，也难平这千古奇冤、万民之恨！

徐：于谦，你是看我和石大人受封晋爵，心怀嫉妒了吧？

于：（哈哈大笑）我看你们是嫌自己的官位太低了吧。我于谦不会奉承拍马，也不会故作姿态向陛下表忠心，更不会用忠良头颅去求得一官半职，只要留得一生清白在人间。（突然间一阵剧烈的咳嗽）

范：（连忙去扶）于大人！于大人！

石：过会儿就给他把病“根除”了，用不着你费心。

范：呸，大明王朝祖宗几代怎么出了你们这几个活孽障！

石：把他给我带下去。（几个士兵上前押范广，范广与于谦相对而视，依依作别）

范：于大人，多多保重（被士兵带下，一路不停地呼喊“奸贼误国，奸贼误国”）

于：石亨，当初范大人在京城一仗，出生入死，亲手斩了也先之弟，本应封侯晋爵，可你将战功占为己有。范大人不图名，不图利，不与尔等小人一般见识，如今你却恩将仇报，杀人灭口。呜呼！堂堂的大明王朝，早晚要断送在你们这些奸贼的手中。

石：可你就要断送在我的手中！走！（石、徐及士兵下，于谦又是一阵剧烈的咳嗽，终于支持不住，昏倒在地）

（杨勇上）

杨勇：于大人，于大人。（扶起，慢慢喂水与他）

于：（逐渐醒来）啊，是你，入狱这些天来，多亏你的关照。

勇：于大人有何事尽管吩咐。

于：最近你可听说边塞有战事？

勇：您身患重病，又被奸贼诬陷下狱，还问这些干什么。

于：古人说得好，居庙堂之高则忧其民，处江湖之远则忧其君啊。

勇：于大人。

于：于谦回首一生往事，只以三事为本，黎民、社稷、君主。民安则社稷兴盛，社稷兴盛则君主位固，可当今民不聊生，奸贼横行，把持朝政……我今虽身陷囹圄，但生死早已置之度外，只愿留得一生清白在人间。（激动万分）

勇：您说什么？

于：一个人活了一生，他能给后代留下什么呢？是金银？是田宅？不，全不是，要留下的是清白！清白！要留清白在人间！石亨、徐有贞之辈，虽可暂时颠倒黑白，陷害忠良，可他们却永远留不下清白，只是像一堆粪土，留下污秽，遗臭万年。

勇：大人之言，字字千钧，杨勇定要铭心刻骨，至死不忘。（一

士兵上）

士兵：杨指挥，令堂与令妹来了。

勇：让他们进来，于大人，我妈和妹妹看你来了。

于：难为她老人家了。

［杨母拄一拐杖，嘴里叨念着：鹭鹭冰上走，何处觅鱼嗛（于谦），京都老米贵，哪里得饭广（范广）。疯疯癫癫上，杨丹在后面提着一个篮子］

杨丹：于大人。（痛苦无声，扑向于谦怀中）

于：阿丹。

杨母：（入场后一直不停地叨念着）鹭鹭冰上走，何处觅鱼嗛，京都老米贵，哪里得饭广。

于：杨老夫人。

母：鹭鹭冰上走，何处觅鱼嗛……

于：杨老夫人，我是于谦，我是于谦啊！

母：鱼嗛，鹭鹭冰上走……

丹：自从您蒙受不白之冤，妈就和京城百姓一起伏阙上书，谁知竟遭奸贼指使的宦官毒手，我妈又气又伤，后来就……唉！

于：让百姓们受苦了。（杨勇将杨母搀扶下去）

丹：于大人，听哥哥说您的咳喘病又犯了，我特地上山伐竹取来了沥水，请您服用。京城的百姓都惦记您，让我把这些粽子、黏糕带给您。要不是奸贼把守严密，他们都非来不可。

于：真是生我者父母，知我者，天下百姓啊！

丹：于大人，大家都劝您保重身体，有朝一日沉冤昭雪重整朝纲，我们不能没有您啊！

于：多谢天下百姓惦念。

丹：天下百姓全都为您喊冤，可是也有人说……说您确有罪名。

于：（哈哈大笑）我于谦一片丹心报国、报主、报民，如今他们百般捏造，竟使忠奸不分，人妖不辨，黑白颠倒。奸臣误国，奸臣误国啊。

丹：于大人。（痛哭失声地扑到于谦怀里）

于：清白就是清白，污秽总是污秽，它们可以暂时地混在一起，但历史的长河总要把污秽冲去，留下清白。

（杨勇急上）

勇：阿丹快走，石亨来了。

于：快走。

丹：于大人。（跪下，痛哭不忍离去）您要保重，保重啊！

于：区区之身，何足挂齿，快走！

勇：阿丹，这里有我，快走。（士兵上）

兵：快，石大人来了。

丹：于大人……于大人……

（阿丹与士兵下，外面狂风起，阴霾蔽天）

（石亨上）

石：于大人，外面起风了，出去吹吹风吧！（士兵上前推于谦出）

（杨勇刚要跟出，被石亨用手挡住）

石：慢，不劳你驾。

勇：何事带走于大人？

石：生死攸关，请看圣旨。

勇：（接过一看，大惊失色）啊，要杀了于大人，他有何罪，他有何罪！

石：混蛋，你敢违旨。

勇：这……这……（矛盾交加，痛苦万分）

石：是再赐你一口剑呢，还是用你自己的？（走过去看杨勇之剑）噢，这是于谦赐你的那把青钢剑吧，用它，用它，让他自己的剑把他自己的脑袋割下来，等于谦一回来就下手。

（石下）

勇：于大人，于大人。（欲去追石亨）我先除了这个奸贼，违抗圣旨……违抗圣旨……（坐下抚摸着宝剑）宝剑啊，宝剑，京城大战，于大人把你赐给我，你利刃闪闪，映照着保卫京城的鏖战岁月；寒光凛凛，洗涤了多少边塞之战的风尘。带着你，我的热血就周身沸腾；举起你，我便生死不惧。你是我的灵魂，我的力量，而今天，你却要杀死社稷的忠良，你要刺进你的主人那忧国忘身的胸膛。

（杨勇在台上激动地走来走去，苦苦思索着……突然，他激动地仗剑高呼）苍天有眼，大地有珠，圣命难抗，于大人啊，我杨勇不能保护您的生命，只好先行一步，到九泉之下为您陈述这千古冤情，让奸臣被阴府碎尸万段。（拔剑自刎倒下，于谦上，见状大惊，连忙跑过去抱起杨勇）

于：杨勇，杨勇！

勇：（微弱地睁眸）于大人，杨勇先行一步，您多……

于：杨勇！杨勇……（仰头，目中似喷出火光）

（悲愤的女低音，充满了激情）

唱：（领）　雷怒吼，电闪飞
　　　　　面对着茫茫云天，
　　（合）　壮怀激烈，憎恨无边
　　　　　似有那万丈狂澜胸中卷。

（风狂雨骤，雷电交加，于谦放下杨勇，眼望远方，忆往抚今，激动万分）

唱：（领）　忧国忧民几十载，
　　　　　戎马倥偬奇功建，
　　　　　为的是，大明江山世代传，
　　（合）　谁曾想，罪名是“意欲”，
　　　　　性命难保全，

可叹这赤诚忠心一片。

（于谦提起宝剑，久久凝视着，面容颤动，似有千言万语，他悲愤不已，但高墙难逾，铁栏难断。）

于：（突然他发现身旁的圣旨）啊，（满腔悲愤）苍天啊，你这样大，为什么只能容下奸臣贼子。当今皇帝啊，你枉为真命天子，你真伪不分，忠奸不辨。奸贼横行无忌，你视而不见；百姓怨声载道，你听而不闻；忠良蒙受不白之冤，你投井下石，敕令处斩。天理啊，你在哪里？圣德啊，你在何方？请来回答我！回答我！

（窗外传来呼喊“于大人”的声音，范广背后带着刚被射中的几支箭跌跌撞撞地破门而入。）

范：于大人。

于：范大人。（连忙跑过去搀扶）范大人，你……

范：于……于大人，暗……暗箭难防……难……防……（倒毙）

（窗外雷电大作，大雨倾盆而泻）

于：啊，暴雨，你狂泻吧，倒出你的满腹的怨怒，倾出你满胸的愤怒，用你那狂泻的雨水，充满一泻千里的江河，让它掀起永远奔腾的狂澜。啊，惊雷，你怒吼吧，你像进军的战鼓，如无情的利剑，你的吼声将使逆贼魂飞魄散，闻而丧胆。你将给予信心、力量、胆气和勇敢，振兴华夏，诛灭凶顽。啊，闪电，你奋飞吧，你将那闪光的一瞬，留在大地，留在青山，留在江河，留在长天，也永存在人们的心间。啊，暴雨，惊雷，闪电，你目睹了这千古奇冤，你听到了忠臣将士铿锵的誓言，我要化作震吼的惊雷，化作闪光的雷电，请等一等，带上我，我来了！

（于谦将剑拿起，断其手指，在墙上奋笔疾书，血迹赫然可见。）

（浑厚、粗犷的歌声随着血迹的显现，由弱到强）

唱：千锤万击出深山，
　　烈火焚烧苦等闲，
　　粉骨碎身全不怕，
　　要留清白在人间。（后两句重复）

（一声惊天动地的雷鸣劈中牢狱，四处大火腾空而起，于谦在火中亮相。他雄姿英发，浑身上下光耀夺目，由地飘然升起，似向天宫飞去。）

（同时幕后伴唱）

唱：乘惊雷，御闪电，
　　飞向那九霄云端，
　　急匆匆，带走了满腔夙愿，
　　泪滂沱，遗下这千古奇冤。
　　江河难熄怒火燃，
　　此冤沉沉，此恨绵绵，
　　悲歌伴随断鸿去，
　　山河虽在，于谦何时还？于谦何时还？
　　（烈火熊熊，愈烧愈猛，一片火海）

（幕落，伴唱继续）

尾　声

接前场

杭州西子湖畔，于氏祠堂

（幕后，声唱继续，接前场）

幕启：于氏祠堂上悬挂了金匾，骄阳当空，西子湖畔绿树成荫，金色的湖面上碧波荡漾。微风中，柳枝在轻轻摇动着，一缕缕青烟袅袅升起。

（杨母、杨丹及众百姓正在祭祠）

（伴唱继前场）

唱：彩练舞，彩霞艳，
　　一道彩虹天地联
　　忠良臣，飘然去，
　　英名不朽在人间，
　　千秋常在，万世流传，万世流传。

杨丹：于大人，回来吧。（一呼百应）

百姓：于大人，回来吧！（声音传得很远很远，在空中回荡着）

（幕徐徐落）

后 记

南开大学最辉煌的时期，应该不是1978至1982年；与北京大学、清华大学一起组建西南联大时，南开大学是响当当的！但1978至1982年这段时期是南开大学继1946年从昆明回天津复校以后的又一次浴火重生、凤凰涅槃！因为，“文革”对南开大学乃至全中国给予了极大的摧残，直到1978年，凭高考入校的1977级、1978级大学生和1978级研究生坐进教室，南开大学才与中国所有大学一样，重新开启了学术研究、知识教育的正常航程。

我正是1978年入校的大学生，与母校师生经历了那些“拨乱反正”“思想解放”的艰难起飞阶段。我所就读的中文系，学习的现当代文学课，本身就与社会时代的浪潮结合紧密。由此，我也参与了国内十三所著名大学中文系学生联合创办的学生刊物《这一代》的发行工作；同时，我也是南开大学学生文学杂志《南开园》的编委；中文系1978级学生自办的《民间》专业刊物，我也是积极支持者；另外，我因喜欢朗诵又加入了南开大学学生文工团的话剧队，在光芒四射的南开话剧舞台上走了一遭。这么多课余活动，分流了我的一些学习时间，以致让我终身遗憾没有考南开大学的研究生；但是，我的亲身经历又是十分难得和宝贵的。那是一个风雷激荡的“改革初进”的大时代的缩影！虽然书中记述的都是普通的事，我的文笔又是这样普通，但仍有一些鲜为人知的往事细节值得记录，值得回味。

今年，是南开大学百岁华诞之年，我则紧锣密鼓地把南开园里 1978 至 1982 年发生的一些事写出来，承蒙南开大学出版社成全我的一片赤诚之心，结集出版。1978 年就结下友情的陈洪大师兄为此书作序。1978 至 1982 年的校学生会文艺部部长梁玉才大哥又慷慨提供了珍贵的“南开史料级”的照片附于书内。对知我者给予我的“援手”，我十分感激！

本来，我很想借此次图书出版，将《南开园》《民间》两本学生油印杂志附在书后，使存世越来越少、字迹越来越模糊的油印杂志变为正式出版物“流芳百世”，可遇到要求油印杂志上的作者都写下“授权书”的难题，我不得不忍痛罢休。好在，1978 至 1982 年“南开园里文学潮”有一个高峰，即历史系同学创作并演出的历史话剧《要留清白在人间》是一位同学执笔的，我请这位好友写了附录其大作于书后的授权书交予出版社，此班班长赵铁锁兄是这些事情的促成者。我到铁锁兄府上取话剧剧本和该剧的一些剧照时，铁锁兄说了一句让我热泪盈眶的话：“婴戈，你这样做，真是功德无量！”

历史话剧《要留清白在人间》终于正式出版，“清白”永留人间了；而油印的《南开园》《民间》仍被岁月风霜侵蚀着，就像侵蚀着我的心一样，那毕竟是我和同学们的心血啊。南开园里的人们和南开园外的人们，只能通过我的二十篇笨拙的散文，去寻觅、窥读那些精彩的油印文章了……

周婴戈

2019 年夏于杭州